O Silêncio na Psicanálise

Transmissão da Psicanálise
diretor: Marco Antonio Coutinho Jorge

sob a direção de

J.-D. Nasio

O Silêncio na Psicanálise

com a colaboração de

Xavier Audouard, Françoise Dolto,
Robert Fliess, Antoine Franzini, Jacques Hassoun,
Sophie Morgenstern, Jacqueline Moulin,
J.-D. Nasio, Christian Oddoux, Sylvie le Poulichet,
Theodor Reik, Monique Schneider, Marie-Claude Thomas,
François-Daniel Villa, Liliane Zolty

ZAHAR

Título original:
Le silence en psychanalyse

Tradução autorizada da edição de bolso francesa,
publicada em 2001 por Éditions Payot & Rivages, de Paris, França

A edição original desta obra foi anteriormente publicada no Brasil
como *O silêncio em psicanálise* (Papirus, 1989).

Jorge Zahar Editor Ltda.
rua Marquês de S. Vicente 99 – 1º
22451-041 Rio de Janeiro, RJ
tel (21) 2529-4750 / fax (21) 2529-4787
editora@zahar.com.br
www.zahar.com.br

Grafia atualizada respeitando o novo Acordo Ortográfico da Língua Portuguesa

Tradução: Martha Prada e Silva
Composição: Susan Johnson
Capa: Sérgio Campante

CIP-Brasil. Catalogação na fonte
Sindicato Nacional dos Editores de Livros, RJ

S576 O silêncio na psicanálise / [sob a direção de] J.-D. Nasio; tradução Martha Prada e Silva. — Rio de Janeiro: Zahar, 2010.

Tradução de: Le silence en psychanalyse
Inclui bibliografia e índice
ISBN 978-85-378-0178-9

1. Psicanálise. 2. Silêncio – Aspectos psicológicos. I. Nasio, Juan-David.

CDD: 616-8917
09-6419 CDU: 159.964.2

Sumário

Apresentação
J.-D. Nasio 7

I. Três Textos Antigos sobre o Silêncio 15

No início é o silêncio (1926)
Theodor Reik 17

Meu reconhecimento a Sophie Morgenstern
Françoise Dolto 25

Um caso de mutismo psicogênico (1927)
Sophie Morgenstern 41

Silêncio e verbalização: um suplemento à teoria da "regra analítica" (1949)
Robert Fliess 59

II. Abordagem Clínica 81

As formas do silêncio no esquecimento de Signorelli
Marie-Claude Thomas 83

"Z"
Jacques Hassoun 94

Uma afonia eloquente
Antoine Franzini 104

***Debate:** Jean-Richard Freymann, Jacques Felician, J.-D. Nasio e Christian Oddoux* 113

III. O Silêncio entre o Ato e a Palavra 119

A ruptura do silêncio
Sylvie le Poulichet 121

O silêncio: um "mais-de-palavra"
Xavier Audouard 137

O grito e a coisa
Christian Oddoux 153

Debate: *Muriel Chaperon e Jacques Sedat* 158

IV. O SILÊNCIO E O REAL 161

Um silêncio tão lento... Um silêncio de morte
Jacqueline Moulin 163

Debate: *Chantal Maillet e Alain Didier-Weill* 173

V. O SILÊNCIO DO PSICANALISTA 177

O mutismo da criança autista: uma promessa de silêncio?
François-Daniel Villa 179

O psicanalista à escuta do silêncio
Liliane Zolty 191

Debate: *Solange Nobécourt, Jean-Pierre Dreyfuss e Françoise Dolto* 197

Crônica psicanalítica de um silêncio
J.-D. Nasio 204

O silêncio no olhar (em resposta ao texto de J.-D. Nasio)
Monique Schneider 215

VI. EXCERTOS DAS OBRAS DE FREUD E LACAN SOBRE O SILÊNCIO 231

Bibliografia dos trabalhos psicanalíticos sobre o silêncio desde 1916 247

Notas 253

Índice remissivo 261

Apresentação

O silêncio está sempre presente numa sessão de análise, e seus efeitos são tão decisivos quanto os de uma palavra efetivamente pronunciada. Silêncio do paciente ou do analista, silêncio crônico ou efêmero, silêncio de resistência ou de abertura do inconsciente, ele constitui um fato analítico de primeira importância no desenrolar de um tratamento e coloca aos clínicos um problema de técnica psicanalítica, tão antigo quanto o da regra da livre-associação. Mas, além dessa presença clínica essencial, o silêncio representa também e principalmente uma entidade teórica fundamental: dentre todas as manifestações humanas, ele continua sendo aquela que, de maneira muito pura, melhor exprime a estrutura densa e compacta, sem ruído nem palavra, de nosso inconsciente próprio. A célebre asserção lacaniana: "O inconsciente é estruturado como uma linguagem" não significa em absoluto que o inconsciente seja feito de palavras ou de sons; o inconsciente não é uma língua, ainda que nasça por meio de uma língua. Não, a estrutura da realidade psíquica – que chamamos inconsciente ou Isso pulsional, saber ou gozo, ou ainda Simbólico, Imaginário e Real – é uma estrutura perfeitamente muda, sem nenhuma ressonância, mais próxima da opacidade da letra inscrita sobre um mármore que da palavra enunciada por uma boca. Assim, quando numa sessão de análise o psicanalista compreende que deve se calar, ele realiza não somente uma intervenção técnica adequada, mas testemunha a existência de outro lugar bem diferente do consultório analítico, onde outro silêncio reina. Saber não dizer nada quando a ocasião o exige é, em definitivo, uma maneira de lembrar, ou ainda melhor, de *mostrar* o silêncio da psique. Calar-se quando necessário significa, portanto: o inconsciente é antes de tudo um "discurso sem palavras".

Ostenta assim o silêncio essa face dupla, por ser ao mesmo tempo um fato clínico primeiro e a manifestação última da natureza muda da vida psíquica. Entretanto, ele ainda não adquiriu a dignidade de um conceito psicanalítico que possa estar na origem da construção de outros conceitos. Talvez o próprio vocábulo "silêncio", por demais descritivo, lastreado demais pelo peso da língua e de seu uso, devesse desaparecer da terminologia psicanalítica em proveito de uma palavra nova que pede elaboração teórica. Já existe um termo proposto por J. Lacan e destinado a substituir "silêncio". A expressão lacaniana *semblante do objeto a* designa exatamente este duplo sentido psicanalítico da palavra "silêncio"; do ponto de vista teórico, o semblante é o simulacro visível do mutismo invisível da estrutura psíquica (objeto *a*); e do ponto de vista técnico, o semblante é também o melhor lugar, a melhor posição, que o psicanalista pode ocupar para favorecer a ocorrência de uma interpretação e suscitar o relançamento da estrutura. Fazer silêncio em um momento ou outro da sessão, portanto, equivale para o praticante não somente a mostrar o inconsciente pulsional, mas também a convocá-lo de novo. Significa dizer o quanto simular a pulsão através do silêncio (semblante de objeto *a*) é mais que representá-la, é também engendrá-la. Mostrar faz nascer a coisa que se mostra, pois mostrar é também uma maneira de possuir o ser que se simula.

★

★ ★

Se seguirmos esquematicamente a evolução histórica do tema do silêncio na reflexão psicanalítica, constataremos em primeiro lugar que a distinção que acabamos de estabelecer entre o silêncio estrutural das pulsões (*sileo*) e o de uma palavra não-dita (calar-se – *taceo*) já se manifesta nas raras passagens da obra freudiana sobre o assunto.* Por um lado, Freud insiste sempre na necessidade de pensar o recalque, e mais particularmente a pulsão de morte, como um processo ancorado no solo do mutismo ("o processo específico do recalque se faz em silêncio"); por outro, ele se preocupa com o problema prático levantado por pacientes silenciosos. No entanto, os trabalhos dos primeiros discípulos de Freud debruçam-se quase exclusivamente sobre esse último aspecto técnico do silêncio dos analisandos – *taceo* – em detrimento de sua dimensão estrutural – *sileo*.

* No final do volume o leitor encontra as principais citações de Freud e de Lacan que evocam o lema do silêncio.

As primeiras contribuições, de Ferenczi e de K. Abraham, interpretam a recusa de falar do paciente como a manifestação de um desejo erótico anal. Em seu único artigo consagrado inteiramente ao silêncio (1910), Ferenczi estabelece relação entre o fato de se calar retendo as palavras e a retenção da expulsão anal. A partir da observação clínica de pacientes gagos e apoiando-se em certas observações de Ernest Jones, ele explica a aparição do silêncio como a vontade de guardar ciumentamente o tesouro que as palavras, à maneira dos excrementos, exprimem no inconsciente. Calar-se significa então reter – com prazer – a descarga de uma palavra que deveria ser dita. Durante essa época (1920-30), e mais tarde (por volta de 1940), com os trabalhos de Ella Sharpe e Robert Fliess, o tema do silêncio foi tratado segundo a visão metapsicológica das pulsões parciais. Nessa linha de pensamento, a contribuição mais completa é a de Robert Fliess (1949), filho do célebre correspondente de Freud, Wilhelm Fliess. Esse texto – que escolhemos apresentar aqui ao leitor – propõe-se assinalar no analisando tantas variantes do silêncio quantos são os níveis pulsionais que existem ao longo do desenvolvimento libidinal. Seguindo esse ponto de vista econômico, Fliess opõe a palavra, enquanto abertura erógena, ao fechamento dos orifícios que o silêncio significa. O autor desenvolve assim três tipos fundamentais de verbalização regressiva – oral, anal e uretral – correlatos a três tipos de silêncio. Por exemplo, se o fato de falar representa um substituto da dilatação esfincteriana, o silêncio deveria ser considerado como um equivalente do fechamento dos orifícios erógenos, a retenção de palavras como um sucedâneo da retenção das fezes, e – sempre segundo Fliess – as dificuldades do analisando em respeitar a regra fundamental deveriam ser consideradas como um temor deslocado de incontinência. Dessa forma, ele distingue os silêncios erótico-oral, erótico-anal e erótico-uretral.

Durante o período que se estende de 1919 a 1935, os diferentes autores psicanalíticos sempre trataram o silêncio a partir do ponto de vista econômico, mas dessa vez introduzindo o conceito técnico de defesa. Para K. Abraham (1919) o silêncio torna-se uma defesa contra o erotismo oral, e para W. Reich e O. Fenichel (1928), uma defesa contra um antigo desejo de felação, muito frequente nos pacientes histéricos e obsessivos. Depreende-se dessas teses uma recomendação técnica para os psicanalistas confrontados com o paciente silencioso. Reich principalmente, desejoso de fazer o paciente observar a regra fundamental, aconselhava responder ao silêncio de defesa com outro silêncio. Essa recomendação desencadeou dois debates importantes: um em 1927 e depois em 1935 na Sociedade de Viena, e outro em 1934 na Sociedade Húngara de Psicanálise. T. Reik e, mais tarde, Edward Glover opuseram-se vigorosamente a tal rigidez da parte do psicanalista. Em seus trabalhos eles criticam o argumento que reduz o silêncio a uma defesa a se combater, e relembram, ao contrário, o quanto o mutismo de um paciente, crônico ou não, pode ser a resposta mais convincente a uma interpretação justa do psicanalista. O texto de Reik, de uma atualidade impressionante, muito próximo de nossa maneira de trabalhar, tem não somente o mérito de ter revertido a ideia de um silêncio de defesa em um silêncio de abertura no analisando, como também o de ter sustentado pela primeira vez o valor técnico positivo do silêncio do psicanalista. A maneira notável de Reik conceber a escuta e de interrogar a ação do psicanalista levou-nos à decisão de incluir seu artigo (1926) nesta obra. Para completar este apanhado histórico, devemos ainda mencionar a primeira contribuição francesa consagrada ao silêncio. Trata-se de um relato de caso publicado por Sophie Morgenstern na *Revista Francesa de Psicanálise** em 1927. Esse texto, que fizemos questão que figurasse em nosso livro, tem a particularidade de testemunhar a invenção da técnica do desenho na psicanálise de crianças como uma solução do psicanalista diante do impasse de um mutismo infantil. Aí se vê em ato o nascimento da prática do desenho como uma resposta ao silêncio. Françoise Dolto, aluna de Sophie Morgenstern, apresenta e comenta de maneira comovente esse artigo dos inícios da escola francesa de psicanálise.

★

★ ★

Comparativamente a outros temas estudados pelos psicanalistas, as referências bibliográficas sobre o silêncio são singularmente escassas. Algumas passagens na obra de Freud, um número limitado de artigos de autores pós-freudianos, alguns desenvolvimentos esparsos de Lacan e raros textos contemporâneos de psicanalistas franceses são o único material de que dispõe o leitor de hoje. Escolhemos então dar a este livro a forma de um dossiê que reúne as três mais

* Para facilitar a leitura, foram traduzidos os nomes das obras, embora nas notas tenham sido mantidos os títulos de acordo com a edição francesa. (N.E.)

importantes contribuições pós-freudianas: Theodor Reik (1926), Sophie Morgenstern (1927), apresentada por Françoise Dolto, e Robert Fliess (1949); depois, os principais trechos da obra de Freud e de Lacan; e, enfim, uma bibliografia exaustiva sobre o tema do silêncio na psicanálise.

Foi também essa escassez de trabalhos psicanalíticos sobre o silêncio que nos levou a realizar, em junho de 1985, nos Seminários Psicanalíticos de Paris, uma jornada de estudo sobre "O silêncio na psicanálise". O presente volume reúne a maior parte das exposições e debates por ocasião do colóquio. Numerosos temas são abordados – como o paciente silencioso, o mutismo da criança autista, o silêncio do psicanalista, o processo silencioso do trabalho de luto – e muitos outros que estão desenvolvidos nesta resenha. As comunicações e trocas foram animadas pelo sentimento de se engajar numa via ainda pouco explorada. A participação de analistas vindos de diversas correntes de pensamento, a riqueza dos debates e o lugar reservado à observação clínica, que se refletem no conjunto dos textos aqui apresentados, permitirão ao leitor seguir os avanços mais atuais da pesquisa sobre o silêncio, esse lugar originário da palavra.

J.-D. N.

1. Três Textos Antigos sobre o Silêncio

No início é o silêncio (1926)[1]

Theodor Reik

Após a consulta preliminar, o psicanalista explica ao paciente ou estudante a única regra que lhe caberá seguir durante as sessões psicanalíticas. Pede ao paciente que relaxe e diga tudo o que lhe venha ao espírito, tal como lhe ocorrer, observando os pensamentos, os sentimentos e os impulsos que nascerão nele. O psicanalista permanece silencioso.

Numa sessão em que se manifestava uma resistência tenaz, um de meus pacientes chamou a psicanálise de "uma situação impossível". A sinceridade me obriga a reconhecer que em termos de convenção social ele tinha razão. É difícil entregar a um estranho os fatos mais íntimos de uma vida e ainda mais difícil confiar-lhe os pensamentos e as emoções que não se ousa admitir nem para si mesmo. Há momentos em que a situação ameaça verdadeiramente se tornar "impossível". Suponha que o paciente conceba alguns pensamentos ofensivos ou injuriosos sobre o analista. E se sentir impulsos afetuosos ou mesmo sexuais para com o analista? Isso acontece com frequência. O paciente não ignora, certamente, que deve tratar essa matéria como todos os outros pensamentos ou emoções que atravessam seu espírito. Já lhe foi dito que ele é tão pouco responsável por seus pensamentos quanto pela cor de seus olhos ou cabelos.

Ele deve aprender a superar esse obstáculo. De pouco adiantaria apelar para sua consciência intelectual, ou dizer-lhe que tornar possível o que aparentemente é impossível é uma das principais tarefas dessa análise. Tentar convencê-lo, fazendo apelo à sua coragem moral, tem poucas chances de sucesso. Poder-se-ia dizer-lhe: "Eu espero que você se mostre à altura desta tarefa difícil, o que prova que tenho confiança em sua energia e boa vontade. Se Hércules viesse me ver para provar sua força, eu não lhe pediria para levantar uma poltrona acima da cabeça, mas lhe fixaria uma tarefa mais difícil." Todas essas palavras seriam trabalho perdido. Tudo quanto podemos é esperar que o paciente encontre por si mesmo a coragem de tornar possível o impossível. O resto é silêncio.

Quase todas as dificuldades da psicanálise têm uma relação com o dizer, com a "palavra". Ouvimos com frequência – demais, parece – o argumento de que é impossível imaginar que uma doença histérica grave, um pensamento obsessivo agudo, uma fobia penosa possam dissipar-se somente por obra de "palavras". Os que empregam esse argumento são os mesmos que, quando crianças, jamais duvidaram que uma palavra mágica abrisse uma montanha ou que, por uma fórmula, um feiticeiro pudesse transformar um homem em animal, ou que certos sons pudessem conduzir anjos ou demônios a um dado lugar. Mais tarde, essas mesmas pessoas se entusiasmam pelo discurso de um chefe de Estado, convencem-se pela discussão de uma ideia, emocionam-se pela tragédia de um poeta, absolvem-se pela confissão a um sacerdote – palavras, palavras, palavras. E esses mesmos indivíduos – como provam a história das nações e a de suas próprias vidas – não duvidam da soma de felicidade e de miséria engendrada pelas palavras e do quanto as grandes decisões na vida dos homens dependem apenas de palavras. Não seria justo, no entanto, atribuir os resultados da psicanálise unicamente ao poder das palavras. Seria mais exato dizer que a psicanálise prova o poder das palavras e o poder do silêncio.

★

★ ★

Tanto se tem discutido a palavra em psicanálise, que muitas pessoas evitam quase inteiramente os efeitos emocionais do silêncio. Se por acaso ele é mencionado, trata-se tão somente de pausas ocasionais do paciente. Escolhemos aqui uma trilha isolada, de poucos passantes até agora, pois vamos falar do silêncio do psicanalista, de sua significação na situação, de sua importância emocional, de seu sentido oculto. Nenhuma dúvida sobre isso, o silêncio do psicanalista se torna também uma das assim ditas "impossibilidades" da situação.

Numa conversa, os interlocutores falam em alternância. Um diz ou conta alguma coisa, o ouvinte faz uma observação, uma pergunta, emite um som que exprime interesse ou, por sua vez, conta uma história. Em sociedade evita-se o silêncio. Se alguém não tem nada a dizer, o outro fala.

O analista não tem medo do silêncio. Como Saussure observou com justeza, o monólogo do paciente, por um lado, e o silêncio quase absoluto do psiquiatra, por outro lado, não constituíam um princípio metodológico antes de Freud.[2] Compreendemos melhor seu sentido oculto ao observar o efeito que produz no paciente. Devemos nos corrigir aqui. Deveríamos ter dito "os efeitos", pois eles são diferentes ao longo da psicanálise, não somente segundo os indivíduos, mas também num mesmo indivíduo. Isso significa, portanto, que o silêncio do psicanalista pode ter sentidos diferentes.

É notável que desde a primeira sessão o paciente atribua certa significação emocional a esse silêncio. Por que não suporia estar ali a atitude natural e necessária ao analista, que ele deva calar-se para escutar atentamente? Na maioria dos casos, esse silêncio tem um efeito calmante e benéfico. O paciente o interpreta pré-conscientemente como um sinal de atenção tranquila, que enquanto tal lhe traz uma prova de simpatia. Esse silêncio parece pedir-lhe que fale livremente, esquecendo temporariamente as inibições convencionais. Ainda não se destacou outro efeito emocional coordenado: o mundo de fora passa para o pano de fundo. A calma age como um abajur que transforma a luz crua demais. A pressão pela proximidade da realidade material se desloca. De alguma maneira, o silêncio do analista parece marcar que se começa a olhar o outro e a si próprio de maneira mais calma, menos imediata.

O paciente penetra na situação analítica, única em nossa civilização, saindo do silêncio. Ele fez silêncio sobre algumas de suas experiências, emoções e pensamentos – mesmo que se tenha mostrado muito falante e o mais volúvel possível. Talvez tenha falado bastante de si mesmo e de suas experiências, mas não falou desse lado de si mesmo que aflora na situação analítica. No Pacífico, perto da ilha de Vancouver, encontra-se um lugar curioso, chamado Zona de Silêncio.

Foram muitos os navios que se esmagaram contra os rochedos nesse lugar e repousam no fundo do mar. Nenhuma sirene é possante o suficiente para avisar os capitães. Nenhum ruído exterior penetra esta zona de silêncio, que se estende por muitas milhas. Neste setor, os ruídos do mundo exterior não alcançam mais o navio. Pode-se comparar o que chamamos de material recalcado a esta "zona de silêncio". A psicanálise efetuou a primeira penetração neste domínio. Quando o paciente fala de si mesmo, os primeiros sons distantes, apenas perceptíveis, alcançam sua zona de silêncio.

Nessa primeira fase da psicanálise podem se produzir pausas mais longas; salvo algumas exceções, em geral são sinais de resistência superficial, determinada pelo fato de que o paciente deve se ajustar a uma situação estranha e insólita. Mesmo assim, as resistências iniciais são comparáveis ao trovão longínquo que anuncia tempestade em algum lugar.

Lentamente, o silêncio do psicanalista muda de significação para o paciente. Algo lhe veio ao espírito que não lhe agrada dizer ou que lhe é difícil dizer. Fala de uma coisa e outra, sentindo muito bem que evita aquela que quer se exprimir. E depois se cala, como o psicanalista. A situação não mostrou ainda sua aparente impossibilidade, mas, pela primeira vez, seu desconforto. O paciente o sente e recomeça a falar de coisas secundárias, ninharias. Mas o pensamento que rejeitou retorna. Parece que quer ser expresso, ou forçará o muro de silêncio impondo-se e interferindo com qualquer outro encadeamento de ideias. É possível que então o paciente se volte para o psicanalista para pedir ajuda, mas esse último guarda silêncio, como se fosse a única atitude normal, sem preocupação aparente com o mundo social que evita um silêncio tão embaraçoso numa conversação. Uma paciente havia cortado seu relato com uma longa pausa, que tentava em vão suprimir falando de coisas indiferentes. Depois recaiu num longo silêncio. Era evidente que ela não queria falar de certa experiência cuja lembrança era acompanhada de sentimentos penosos. Finalmente declarou: "Façamos silêncio sobre outra coisa."

Em certo momento da análise, o silêncio do analista torna-se um fator que favorece a reciprocidade das forças emocionais. Parece proibir que se passe por cima dos problemas e faz tomar consciência daquilo que escondem os comentários sobre o tempo ou sobre a biblioteca que ali está. O poder ativo do silêncio torna transparentes os pequenos nadas da conversação e possui uma força que arrasta o paciente e o faz progredir, empurra-o para profundezas maiores do que havia visualizado.

Eis aqui um fato psicológico surpreendente e raramente observado: quando as pronunciamos, as palavras têm um valor diferente do que quando as pensamos em nossas representações verbais. A palavra articulada tem um efeito retroativo sobre quem fala. O silêncio do analista intensifica essa reação; age como um quebra-voz. O analista que anos a fio seguiu atentamente essa luta com o ego tem cada vez mais a impressão de assistir a um confronto entre potências que querem se exprimir e se afirmar e outras que querem levar ao silêncio. Às vezes lhe acontece mesmo observar uma espécie de angústia após o ato. O paciente com frequência está ligeiramente amedrontado com o que acabou de dizer, ao mesmo tempo em que se sente aliviado por tê-lo dito. Aqui, o silêncio do analista age de maneira encorajadora sobre o paciente e com maior eficácia do que as palavras. A situação emocional do paciente, vista pelo analista, lembra a do prisioneiro que tenta se libertar. Seus esforços para exprimir em voz alta e inteligível o que estava recalcado me fazem pensar naquele pianista que diz um dia, mostrando seu instrumento: "Às vezes parece que me fecham lá dentro e tenho que encontrar o caminho através [dele]."

Não é o momento de prosseguir sobre o significado psicológico do silêncio do analista no início de um tratamento. Não se trata de um simples silêncio. Ele vibra de palavras não articuladas. Sabemos que temos aí a condição indispensável para a recepção e a assimilação das comunicações feitas ao analista e ainda mais.[3]

O analista não escuta somente o que está nas palavras, ele escuta também o que as palavras não dizem. Escuta com a "terceira orelha", escutando o que dizem o paciente e suas próprias vozes interiores, o que surge de suas profundezas inconscientes. Um dia Mahler fez esta reflexão: "Em música, o mais importante não está na partitura." O mesmo vale para a psicanálise, o que é dito não é o mais importante. Parece-nos bem mais importante detectar o que o discurso esconde e o que o silêncio revela.

Estive com Sophie Morgenstern pela última vez na véspera da entrada dos alemães em Paris, em junho de 1940. Ela tinha quase oitenta anos. Eu queria convencê-la a partir comigo, de automóvel; Paris e todos os seus hospitais estavam sendo evacuados. Ela não tinha nenhuma razão aparente para ficar; toda sua família da Áustria e da Polônia havia desaparecido em 1934, vítima do nazismo, e Laure, sua única filha, muito amada, licenciada em letras, morrera alguns anos atrás em consequência de uma operação de cálculos biliares, operação ainda perigosa na época. No entanto, ela recusou; disse-me que queria ficar em casa. Deixei-a, portanto, sentindo muito não ter podido convencê-la a vir comigo para junto de uma família amiga que me esperava no Midi, numa aldeia que acolhia refugiados belgas e do Norte. Ao voltar, em setembro do mesmo ano, fiquei sabendo que Sophie Morgenstern suicidara-se no dia seguinte à entrada de Hitler em Paris.

F. Dolto

Meu reconhecimento a Sophie Morgenstern

Françoise Dolto

Devo à sra. Sophie Morgenstern o início de minha prática de psicanalista de crianças. Eis como a conheci. Estávamos em 1934-35, eu terminara meus estudos de medicina e devia passar um ano de estagio a serviço do prof. Heuyer, hospital de Vaugirard.

Em 1933 eu havia terminado uma psicanálise de três anos com o dr. René Laforgue, feita por motivos pessoais. Eu desejava ser pediatra, e minha própria psicanálise tinha me permitido observar, de uma maneira diferente do que tão somente como médica organicista, numerosos problemas de saúde das crianças e suas reações à hospitalização e aos cuidados médicos e cirúrgicos. No hospital de Vaugirard, com o prof. Heuyer, meu trabalho de estagiaria consistia em praticar diariamente punções lombares em crianças, injeções intravenosas e intramusculares. A terapêutica para a quase totalidade dos problemas de comportamento infantil estava dominada pela noção causal de "sífilis hereditária".

No serviço do prof. Heuyer, único serviço de neurologia e psiquiatria infantil em Paris, chegavam crianças-problema para a sociedade e para suas famílias, vindas de todos os lugares. Piaget e Wallon tinham introduzido uma revolução na apreciação do desenvolvimento da criança, analisando finamente a sensorialidade, a inteligência, a afetividade, a motricidade. O estudo das cronaxias feito pelo prof. Ferrié permitia também analisar o efeito dos estímulos elétricos sobre a musculatura autônoma e o tônus. Procurava-se aí a chave dos comportamentos apáticos e das instabilidades motoras. As crianças eram atendidas em ambulatório ou, quando os pais moravam longe e se considerava necessário o isolamento, elas eram mantidas no "Patronato", um internato fechado com uma vintena de leitos, ligado ao serviço do hospital. Cada criança pensionista tinha um quarto trancado e gradeado e via apenas um educador-enfermeiro; só encontrava as outras crianças às refeições e num pequeno pátio de recreação. Era um internato organizado nos moldes quase carcerários dos hospitais psiquiátricos.

No serviço, os psicólogos se limitavam a classificar as respostas das crianças submetidas a numerosos testes. As cifras do quociente intelectual serviam como meios "objetivos" de apreciação das capacidades de sucesso escolar. Outros testes visavam determinar a orientação profissional mais adequada para cada adolescente. Estávamos nos inícios da "psicologia clínica".

Mas havia também a sra. Morgenstern, uma psicanalista de crianças, analisada por Freud e vinda de Viena, que o prof. Heuyer, muito ambivalente a respeito da psicanálise, no entanto aceitara acrescentar a sua equipe – sob a insistência de René Laforgue. Ele tinha alguma amizade por Laforgue e sua primeira esposa. Mais tarde a relação se tornou mais distante, por ocasião do divórcio e do novo casamento de R. Laforgue. Estagiaria nesse serviço, era como futura médica de crianças que eu me interessava pelo pequeno mundo dos pacientes de S. Morgenstern: crianças com tiques, gagos, pequenos delinquentes não perigosos, mas perturbadores, ou ainda crianças que se evadiam, crianças empacadas em comportamentos repetitivos; em suma, histéricos diversos, que os diferentes serviços médicos, ou algumas vezes a polícia, enviavam a Vaugirard para avaliação médica.

A escuta e a observação desprovidas de normas apriorísticas que se desprendiam da atitude silenciosa, calorosa, humana da sra. Morgenstern permitiam que a criança fosse outra coisa que não esse objeto que era para todos os médicos, educadores e psicólogos, obstinados e ativistas em seus cuidados. Como todos os colaboradores do serviço, a sra. Morgenstern ficava encarregada de receber uma ou duas vezes cada paciente em observação no ambulatório ou no internato. Essa senhora pequena e velha, que não tinha nenhum saber dogmático sobre a criança, nenhum teste para lhe aplicar, nenhum tratamento ao qual a submeter, que a recebia por ser quem ela era, essa avozinha fazia milagres algumas vezes, e as crianças lhe falavam e com frequência voltavam para vê-la.

Após algumas semanas, o chefe devia tomar uma decisão: entregar a criança a sua família com conselhos educativos, estabelecer um tratamento, definir uma orientação ou decidir sobre uma colocação. Na época havia ainda as "casas de correção", que começavam a ser chamadas oficialmente de "casas de educação especializada"; havia lares "de bom clima" para crianças, "ao ar livre", os preventórios; e, depois, métodos novos lançados por pedagogos de gênio: Maria Montessori para os mais jovens e, na escola pública, Célestin Freinet para os fracassos escolares dos maiores. Mas muito poucos podiam beneficiar-se. Recordem-se de 1935: ainda não havia a previdência social; os pais (e muitas crianças) jamais tinham "férias", apesar dos esforços de prevenção da luta contra a tuberculose.

As crianças faziam estadias transitórias nesses lugares de saúde chamados "aeroterapêuticos" e que também serviam para os casos de separação julgada terapêutica entre algumas crianças e suas famílias. Algumas vezes isso ajudava a criança, outras vezes acontecia o contrário e a criança voltava mais angustiada ou mais retardada devido a uma separação demasiadamente brutal. Em vez de tirar proveito da estadia, a criança "somatizava" – palavra que não se empregava na época, embora se observassem os sintomas –, mas não retornava à consulta "neuropsiquiátrica" que havia indicado a colocação.

Com o objetivo de reunir os diferentes dados de observação sobre uma criança, o chefe reunia regularmente todo o seu mundo: médicos, psicólogos, às vezes educadores empregados pela duração da estadia, e a "sra. Morgenstern, minha colaboradora formada em psicanálise", como ele a apresentava. Cada um exprimia seu ponto de vista e, quando Sophie Morgenstern tinha recebido a criança para investigação, ela também era convidada a dar sua opinião. Para mim, que tinha como única formação psicanalítica, minha própria análise recém-terminada – e minha formação médica –, suas proposições me surpreendiam pela clareza e pelo poder de convicção. Eu conhecia quase todos os casos por ter feito coletas de sangue, punções lombares e conversado nos corredores com os psicólogos sobre as maneiras de aplicar e julgar os testes. Os psicólogos sempre ficavam contentes de falar de suas pesquisas, e eu de me instruir.

Nas reuniões plenárias em torno do chefe, médicos, psicólogos, educadores, cada um avaliava a criança como um objeto, como um receptáculo mais ou menos apto para o saber, mais ou menos capaz de aprendizagem. Eles empregavam a linguagem erudita, apoiando-se em cifras do quociente intelectual ou nos gráficos do perfil psicotécnico. Constantemente procuravam classificar os sintomas reunidos em "buquês" chamados síndromes e estabeleciam tal ou qual prognóstico. A discussão nessas reuniões pretensamente científicas em geral era corroborada pelo exame das radiografias do crânio e pela opinião de especialistas quanto ao funcionamento das glândulas endócrinas. Em todas as intervenções estava presente a suspeita de hereditariedade sifilítica, sempre "altamente provável", qualquer que fosse o motivo da consulta da criança e apesar de um teste de Wassermann no mais das vezes negativo.

Falava-se também de neuroses parentais (em tom pejorativo), histéricas, obsessivas ou de alcoolismo paterno, ou mesmo de mãe débil mental ou pai paranoico. A equipe médica identificava os pais com seus atos e com a aparência pontual do dia em que foram vistos com seu filho-problema diante do círculo impressionante da consulta do chefe. Consulta que, para muitos dos pais vindos de longe, era o final de encaminhamentos sucessivos de médico em médico, todos sempre sem recursos frente aos comportamentos aberrantes dessas crianças-problema, suspeitas de um desarranjo mental.

Quanto à sexualidade, falava-se sobretudo de hereditariedade de moléstias venéreas, às vezes de abuso de masturbação. Nesses casos, eram os pais que o evocavam abertamente, declarando que a masturbação tinha resistido a todas as ameaças. "Veja onde isso o levou!" Diante dessa evocação, o chefe, incrédulo, meneava a cabeça. Mas, de fato, nessas reuniões plenárias, raramente se tocava em sexualidade infantil, nem mesmo nos casos de mocinhas ou rapazes menores ameaçados pela polícia devido a delitos sexuais. Quaisquer que fossem as circunstâncias fazia-se silêncio sobre essa questão!

Quando cabia a sra. Morgenstern dar sua opinião a propósito de um caso que tinha seguido, ela intervinha numa voz doce de pessoa velha, sem forçar, falando do sofrimento acumulado pela criança ou de suas relações precoces difíceis, ou ainda dos momentos-chaves de seu desenvolvimento com tal pai, que poderia ele mesmo ter sido afetado por um laço paternal patogênico. Ela falava dos fatos, sem julgar a mãe nem suas atitudes educativas. Falava também do Inconsciente (sorriam, era sua mania) e das contradições internas com as quais todas as crianças têm de se arranjar. Falava ainda do Édipo e da angústia de castração, de comportamentos reativos que visam provocar a punição da sociedade ou o fracasso escolar com o fim de humilhação autopunitiva, algumas vezes vingativa para com os pais. Ela dizia enfim que, se a família da criança aceitasse para ela uma psicoterapia, o prognóstico talvez fosse diferente do previsto pelos psicólogos e médicos organicistas. Mas, na realidade, ela não afirmava nada: ela propunha. Em geral não era escutada... e ninguém retomava o que ela havia dito. Isso me deixava perplexa.

Lembro-me do dia em que pais testemunharam seu reconhecimento a Heuyer por lhes ter aconselhado uma psicoterapia para seu filho que sofria de tiques havia anos. A psicoterapia tinha terminado bem, e a criança saíra curada: "A senhora acredita que foi a psicoterapia?", perguntou Heuyer à mãe, na presença da sra. Morgenstern e da criança. "Bem, antes assim, mas eu não acredito em nada disso. Se o tivessem mandado para os escoteiros teriam feito ainda melhor." "Mas doutor", replicou a mãe, "ele frequentava os escoteiros fazia dois anos e tinha tantos tiques..." "Bem, senhora", acrescentou o chefe, "se o pai o tivesse corrigido, isto com certeza o curaria mais rapidamente do que essa psicoterapia! Minha colaboradora é uma mulher eminente, mas... seis meses para curar caretas é um pouco longo, a senhora não acha?" O casal e o filho partiram. Sophie Morgenstern os acompanhou até a porta, reconfortando-os, enquanto eu, a estagiária, de meu lugar de espectadora, via o chefe sacudir os ombros e declarar colérico: "Uma psicoterapia! Com uma mãe debiloide! Era só o que faltava! E estão contentes! Ora, tanto melhor!" Quando em seguida falei com a sra. Morgenstern, ela me disse: "É normal. É a resistência. Você verá. Se a psicanálise não suscitasse resistências, já não seria psicanálise. O inconsciente é perigoso. Se posso trabalhar, devo-o ao sr. Heuyer, mesmo assim. Ele é ambivalente, é normal. Ele não foi psicanalisado." Que lição de sabedoria me deu naquele dia – e em tantos outros – enquanto todos os membros da equipe sorriam dos vexames que lhe infligiam e das afrontas que engolia.

*

* *

Quais eram as crianças que Sophie Morgenstern tomava em psicoterapia? As que lhe enviavam os poucos psicanalistas, pouco numerosos ainda em Paris, e os que vinham consultar o prof. Heuyer. Não eram psicóticos nem neuróticos, mesmo que seus problemas lhes dessem uma aparência de debilidade. Para o prof. Heuyer, autoridade no assunto, um mau quociente intelectual nos testes contraindicava a psicoterapia. Também não se tratavam crianças com menos de cinco ou seis anos. Foi muito mais tarde, após a guerra de 1945, que, sob o impulso de Spitz, a corrente da psicanálise infantil foi introduzida na

França. Eu mesma, somente durante a guerra, comecei a cuidar de crianças muito novas gravemente perturbadas e mesmo de bebês anoréxicos e pré-psicóticos. Naquela época, Jenny Aubry e Micheline Guiton contribuíram com seus trabalhos para mostrar o papel somatizador das angústias responsáveis pelos problemas funcionais graves dos recém-nascidos.

Mas, antes da guerra, os casos tratados por Sophie Morgenstern, aqueles que o chefe lhe confiava para tratamento psicoterápico quando os pais consentiam, eram fóbicos de timidez doentia, crianças aterrorizadas em classe apesar de seu bom nível escolar, casos de insônia grave, anoréxicos para os quais tratamentos médicos tentados por muito tempo se mostraram ineficazes, ou ainda gagos ou portadores de tiques, esgotados e esgotantes para seu meio, cujo estado resistia a toda farmacopeia, enuréticos de oito, dez, doze anos, meninas e meninos, ou ainda encopréticos.

O hospital de Vaugirard era o único especializado em neuropsiquiatria infantil. Todos os casos graves de distúrbio comportamental eram encaminhados para lá, especialmente crianças com mais de cinco ou seis anos, idade da escolaridade obrigatória. Na maioria, crianças de meio social desfavorecido para as quais a não aceitação escolar era uma catástrofe. Nos meios mais afortunados, ao contrário, muitos problemas neuróticos eram tolerados na medida em que os pais podiam pagar governantes e preceptores a domicílio, o que adiava o impacto social e a repercussão sobre os pais da rejeição social de seu filho. Além disso, encontravam-se nos hospitais gerais crianças abandonadas ou órfãs, para as quais se tentava uma psicoterapia antes de se resignar a enviá-las ao hospital psiquiátrico para o resto da vida. Após fracassos pedagógicos, a psicoterapia era a frágil esperança do pessoal do hospital que tinha se ligado afetivamente a essas crianças desfavorecidas.

Algumas vezes eu conversava com Sophie Morgenstern durante seus raros momentos livres, pois todas as manhãs ela estava ocupada com seu pequeno mundo de casos "em observação", sendo pouco frequentes os tratamentos. Eu lhe dizia que sua maneira de falar das crianças confirmava o que eu mesma testemunhava por ocasião das urgências, principalmente nos plantões noturnos. Muitas vezes eu constatava o papel proeminente da angústia surgida ao longo de um dia particularmente pesado de tensão familiar. Quando, em clima de catástrofe, traziam um pequeno por causa de um sintoma aparentemente orgânico que aos olhos dos pais tomava proporções desmesuradas, eu observava o quanto o acolhimento do médico de plantão modificava rapidamente o quadro clínico se, ao examinar a criança e sem negligenciar o aspecto médico, ele encorajasse a família a rememorar as circunstâncias que precederam a primeira reação precipitada. Esse tempo de palavra tomado tranquilamente e a confiança reencontrada graças à presença apaziguadora do médico conseguiam baixar a tensão de maneira espetacular, e o sorriso voltava ao rosto da criança.

Continuei frequentando a sra. Morgenstern no período em que ocupei minha nova função de interna na consulta dita "de recepção", consulta prévia a toda hospitalização. Recebia casos que meus colegas recusavam, sempre os mesmos: inibições escolares, fobias, insônias e pesadelos, tiques, gagueiras, enureses prolongadas, encopreses e algumas vezes problemas de caráter, ou ainda crianças enviadas para "observação" pelo médico do bairro, cansado das queixas incessantes da mãe. Acolhia também casos ditos "sociais", os que perturbavam a tranquilidade dos vizinhos. Com Sophie Morgenstern, refletia sobre essas entrevistas que resultavam em psicoterapias curtas e que me intrigavam.

Naquela época o Instituto de Psicanálise só oferecia formação em psicanálise de adultos, após um curso de quatro a cinco anos e com a condição de haver terminado sua análise pessoal. Embora eu pretendesse praticar somente a pediatria esclarecida pela psicanálise, aceitei, no entanto, seguir essa formação – a pedido de René Laforgue – embora decidida a não me tornar psicanalista, ofício que parecia sedentário demais a meus olhos. Eu recebia alguns pacientes adultos, sob a supervisão de diversos didatas, tais como Hartmann, Garma, a princesa Marie Bonaparte ou Loewenstein. Além disso, eu seguia os seminários de textos freudianos organizados por Spitz, os de Loewenstein, os seminários de casos clínicos de Nacht e as conferências clínicas e teóricas do Instituto. Era a época da ascensão do nazismo na Alemanha, momento em que os grandes da psicanálise austríaca faziam parada em Paris antes de emigrar para a América do Norte, como Spitz e Hartmann, ou para a América do Sul, como Garma.

Foi a sra. Morgenstern quem me recomendou a Edouard Pichon, em 1937. Presidente da Sociedade Psicanalítica de Paris e médico hospitalar, ele me contatou então para auxiliar sua assistente para as psicoterapias, Odette Codet, que trabalhava no serviço de consultas do hospital Bretonneau. Eu havia quase terminado meus estudos; faltava-me só uma clínica a passar e escrever minha tese. Já desejava escrevê-la sobre um assunto de psicanálise e dedicá-la a meus colegas pediatras. Estava muito feliz por ter a oportunidade de trabalhar oficialmente como psicoterapeuta num serviço de consultas onde o chefe, ao contrário de Heuyer, não era ambivalente quanto à psicanálise e ao inconsciente. Diante da ambivalência de Heuyer, era preciso a paciência de anjo e talvez a idade de Sophie Morgenstern para suportar o silêncio cético do chefe quando ela expunha a pedido dele o caso de uma criança em tratamento, e as humilhações públicas que ele lhe infligia.

Sob a Ocupação, após a defesa de tese em julho de 1939, eu trabalhava no hospital Trousseau. Começamos a receber numerosas crianças atingidas precocemente pelos efeitos da guerra sobre seus pais: pais prisioneiros ou mortos, mães obrigadas a trabalhar com o ocupante, famílias coagidas a um duplo discurso público e privado. Em seguida foram as repercussões nas crianças do retorno dramático dos pais prisioneiros. Durante a guerra, famílias ou instituições católicas acolhiam clandestinamente crianças judias confiadas durante a catástrofe por seus pais, agora desaparecidos, antes de serem detidos pela polícia.

No final da guerra, foi a vez dos reencontros dramáticos entre pais de volta do *front* e filhos de volta para casa, depois de uma separação de vários anos no campo, em famílias laterais ou mercenárias. Casos de psicoses infantis eram habituais nos serviços neuropsiquiátricos dos hospitais gerais. Durante aqueles anos de pós-guerra, a psicanálise começava discreta e dificilmente a encontrar seu lugar. Lembro-me que em 1960, à porta do consultório onde eu trabalhava ainda arvorava a inscrição "Sífilis, doenças hereditárias". E, no entanto... nada mais era que a consulta psicanalítica, o que não excluía a prática de eletrochoques, as narcoses e os tratamentos sistemáticos antissifilíticos... nos quais ninguém mais acreditava.

*

* *

Sophie Morgenstern escrevia pouco e quase não tomava notas (exatamente o contrário do que eu fiz).[1] Felizmente para nós, resta-nos como testemunho de seu modo de trabalho o tratamento de um menino de nove anos e meio que havia dois anos não falava. O tratamento aconteceu no serviço do prof. Heuyer, onde a criança fora admitida como pensionista. O caso será lido, portanto deter-me-ei muito pouco. Eu tinha tomado conhecimento dele na época, mas não me impressionara como agora, na releitura. Fiquei particularmente surpresa com a atitude adotada pela psicanalista para fazer o sintoma ceder.

Impaciente diante das dificuldades que a criança experimentava em exprimir todas as angústias responsáveis por seu mutismo e cedendo à pressão médica e hospitalar que a cercava (talvez à sua própria angústia também e à uma dúvida sobre o método...), a terapeuta manipulava a transferência e intimidava a criança de forma a fazê-la lutar contra seu sintoma. Em suma, a terapeuta bloqueava o trabalho de exploração do inconsciente ao adotar um comportamento superegoico quase sádico, o que não podia deixar de conduzir ao fracasso da psicoterapia, à desorientação da analista e à regressão do pequeno paciente. Bom menino, Jacques parece ter compreendido essa desorientação da psicoterapeuta e tê-la assimilado à de sua mãe que, na época de aprendizagem da higiene, como toda mãe e como a psicanalista em seguida, deve ter exercido uma coerção. Jacques protegeu-se, como deve ter-se protegido então, por uma regressão através dos sintomas de encoprese e enurese. O fracasso dessa coerção no que se refere ao objetivo almejado felizmente levou a analista a decidir retomar seu trabalho.

O gênio de Sophie Morgenstern consistiu em deixar que Jacques desenhasse, compreendendo progressivamente que ali estava a única possibilidade para ele de associação livre na situação de tratamento. O recurso ao desenho permitiu instaurar a transferência sob a forma de uma reversão de situação: o silêncio de Jacques, transformando-se em palavra graças ao desenho, impôs silêncio a sua psicanalista amada e amante.[2]

*
* *

Vencido o mutismo, a própria criança explicitou suas fantasias, sua transferência, sua evolução, evocando os próprios desenhos. Essa transferência não lhe foi dita, entretanto. Sem dúvida não lhe foi formulada porque de momento a analista não havia compreendido o suficiente para interpretar-lhe. Com efeito, é o analisando que pode explicitar a transferência; e é o analista-analisado que zela para atrapalhar o menos possível o trabalho do inconsciente de cada um de seus pacientes. Ainda que teoricamente se saiba que o método consiste em analisar a transferência, são numerosos os analistas de crianças que se contentam em sustentar a relação transferencial sem necessariamente verbalizá-la para a criança e sem necessariamente explicitar para si mesmos sua contratransferência.

O que bem nos demonstra o caso de Jacques é que nada é traumatizante para uma criança nas ações reais dos pais, a quem, no entanto, suas fantasias se referem. As fantasias aterrorizavam Jacques e o haviam emudecido. Na mesma situação de realidade, outra criança poderia reagir de outra forma, até mesmo sem sintoma. Pode acontecer, entenda-se bem, que outra criança, vivendo uma história ainda mais comum que a de Jacques, mas que teve necessidade de questionar-se inconscientemente sobre sua própria identidade sexual, sobre a potência e a fecundidade mágica, sobre o poder incondicional do pai sobre o sexo e a vida do filho, essa criança possa manifestar mais tarde um sintoma latente até ali. Uma criança que não manifestou sintoma algum aos seis ou sete anos – ao contrário de Jacques, que emudeceu – e após ter atravessado a idade edipiana sem problema aparente, poderá sofrer na puberdade uma descompensação brutal provocada pela angústia das relações sexuais ou psicossociais até então não representadas como tais. Acontece frequentemente que na puberdade, por ocasião de um fracasso social ou de um primeiro amor infeliz, o adolescente veja reaparecer subitamente a angústia de castração que tinha sido recalcada em cada etapa do desenvolvimento libidinal.

*

* *

A psicanálise progrediu desde 1927, época dessa observação da sra. Morgenstern, mas os psicanalistas permanecem sempre desarmados diante do inconsciente, instância dinâmica imprevisível, que com cada novo paciente revira nosso pretenso saber quanto às metamorfoses do desejo e de suas proibições endógenas. Nenhuma aprendizagem do ofício poderá nos imunizar contra os inevitáveis, mas necessários efeitos da análise da transferência e da transferência em si mesma. Acontece que esses efeitos transferenciais provocam a emergência das angústias, dos sentimentos desrealizantes, desestruturantes, acompanhados de irreprimível culpabilidade rejeitada sobre os acontecimentos ou sobre outrem e podem persistir, para minha grande surpresa, mesmo naqueles que se dizem avançados em psicanálise.

Nem por isso deixaremos de sustentar o esforço para melhorar as condições de acolhimento às crianças, à luz da experiência das dificuldades que constatamos nos seres humanos, dificuldades ligadas às relações de amor (ou não) daqueles que delas se ocupam no início de suas vidas, sem que nem sempre tenham podido assumir seus próprios conflitos inconscientes.

Hoje nos parece que um dito verdadeiro sobre o desejo e a história deles, um dito comunicado aos recém-nascidos ou às crianças, bem antes de possuírem a expressão da linguagem verbal e poderem por si mesmos questionar diretamente seus pais, poderia evitar muitas angústias fantasmáticas inúteis. Da mesma forma, seria precioso permitir que esses recém-nascidos – sem separá-los de seus pais – estabelecessem trocas com os da sua idade, através das quais eles encontrariam a possibilidade de exprimir entre eles angústias não perceptíveis pelos adultos. A confrontação de fantasias no seio de um grupo de camaradas da mesma idade não somente permite sua expressão, mas favorece a socialização das crianças.

Embora possamos melhorar na educação, sobre a qual Freud dizia em 1935 a Georges Mauco e a René Laforgue que "ali estava o futuro da psicanálise", o inconsciente, inseparável da função simbólica no ser humano, permanecerá sempre, com o desejo, a riqueza inviolável de cada um, mas também a fonte dos maiores infortúnios quando, na impossibilidade de traduzir em alguma linguagem a expressão dos conflitos internos, ele se vê dinamicamente anulado, emudecendo o ser humano, solitário então com seu sofrimento.

Terminados os estudos médicos na Faculdade de Zurique, Sophie Morgenstern foi para a Rússia conseguir seu diploma e adquirir assim o direito de exercer a medicina na Polônia, seu país de origem, então ocupado pelos russos. Ela voltou para Zurique em 1917, no serviço do prof. Bleuler, onde primeiro foi assistente voluntária, sob a direção do dr. E. Minkowski. Após a partida deste para a França, ela galgou os escalões hierárquicos e finalmente foi nomeada médica assistente do asilo de Munsterlingen. Mudou-se para a França em 1924, e o dr. Heuyer admitiu-a em seu serviço como assistente encarregada dos tratamentos de psicanálise, posto que ocupou até sua morte.

O artigo a seguir, publicado pela primeira vez na Revista de Psicanálise, *1927, I, p.492-504, e retomado em seguida no livro* Psicanálise infantil, *Denoel, 1935, apresenta um valor histórico maior: é o primeiro trabalho psicanalítico conhecido na França no qual um psicanalista utiliza o desenho como método de análise. Mas é também o primeiro trabalho psicanalítico que mostra claramente como um silêncio induziu um dispositivo de escuta analítica da criança através do desenho.*

Um caso de mutismo psicogênico (1927)

Sophie Morgenstern

"O que a criança não se atreveria a dizer nem a escrever, ela revela em seus desenhos, porque não prevê que numa pequena folha poder-se-á decifrar seu caráter como em suas declarações ou sua escrita. Ela ousa ser ela mesma. Ela se aventura, se exprime."

Florent Fels
(*Nouvelles litt.*: Exposição de desenhos de crianças no Salão-Museu da Idade Feliz.)

Até agora o mutismo psicogênico infantil não foi descrito em nenhum lugar. No presente trabalho vou mostrar através de qual conflito psicológico uma criança de nove anos e meio se viu prisioneira de um mutismo que durou quase dois anos, e cujo caráter especial me permitiu fazer um estudo psicanalítico bastante extenso. Devo ao sr. Heuyer a possibilidade de acompanhar de perto e cuidar desse caso tão interessante e, pelo menos que eu sabia, único até então.

Há dois anos, por ocasião de uma mudança de domicílio, nosso pequeno paciente deixou de falar durante algumas semanas. Quando foi trazido para consulta no Patronato, em 26 de outubro, fazia um ano que não falava mais com seu pai e quatro meses que não pronunciava uma única palavra.

Nosso pequeno paciente, Jacques R., tem pelo lado materno uma hereditariedade carregada de elementos esquizoides bem pronunciados. Nasceu em novembro de 1917, com oito meses. Jacques passou por todas as doenças infecciosas infantis e desde os cinco anos apresentou problemas da marcha em consequência de uma miopatia. Com sete anos fez duas crises comiciais frustras. É uma criança retardada, mais por falta de escolaridade do que por falta de capacidades; essas últimas são muito desiguais nele.

Na primeira consulta, ele não quis responder ao médico, virou-lhe as costas, debateu-se, tentou unhar e fugir quando se tentou retê-lo. Não quis deixar que sua mãe saísse, agarrou-se a ela e sentou-se em seus joelhos. Posto na cama e despido para o exame somático, tentou fugir. Contido por duas pessoas, continuou a se debater. Decidiu-se mantê-lo no Patronato, em observação. Foi isolado lá, e mostrou viva simpatia por um jovem encarregado que, à noite, fazia música ao lado dele e lhe permitia desenhar, atividade de que o pequeno Jacques gostava muito.

Jacques foi admitido no Patronato em 26 de outubro; eu o vi pela primeira vez em 4 de novembro. Ele tinha um ar ansioso, dobrado sobre si mesmo; olho fixo no chão, não queria responder nem por sinais às perguntas que eu lhe fazia. Todo esse comportamento levantou a suspeita de uma esquizofrenia infantil. No entanto, é preciso fazer a reserva de que essa psicose é muito rara antes da idade da puberdade. O mutismo nos esquizofrênicos é uma manifestação do negativismo, ou antes, do autismo (Bleuler). É uma atitude hostil para com o ambiente, atitude que demonstra a preferência do doente por seu mundo interno imaginário, face à realidade. Com frequência associa-se a um delírio alucinatório; são as vozes que impõem o mutismo ao doente, ou os temas de seu delírio, e o submetem a tal sacrifício. Ao passo que nos histéricos o mutismo representaria a expressão física de um conflito psicológico. Nosso doente é uma criança doce, obediente, muito tímida; ama a música, mas a tudo prefere o desenho. Escuta com interesse as histórias que lhe contam; trata de se fazer compreender por gestos e fica furioso se os circundantes não conseguem decifrá-los. Tudo isso nos prova que o mutismo de nosso pequeno doente não entra no quadro das esquizofrenias. Seu mutismo se baseia no conflito psicológico entre ele e seus pais, do que falaremos na história de sua doença.

Em meu primeiro encontro com o doente vi os desenhos que fez em casa e no Patronato. Fiquei impressionada tanto pelos temas desses desenhos quanto pela expressão ansiosa das pessoas representadas. Atraíram-me a atenção principalmente os desenhos feitos nos primeiros dias de sua estada no Patronato. O mesmo tema se repetia nos dois desenhos: um menino pequeno contemplava um homem com desconfiança e terror (fig. 1).[1]

FIGURA 1 – Desenho de 28.10.1926

Nesse desenho, que foi o ponto de partida de nosso estudo, vê-se à esquerda um menino com o olhar cheio de medo, que é sem dúvida o próprio paciente; à direita, um homem de quem a criança tem medo; no céu, a lua (já que esta cena se passa durante a noite) e um avião.

Ao constatar que o único meio de expressão de Jacques era o desenho, eu o empreguei para o tratamento. Desde a primeira sessão levei-o a desenhar. Eu dava interpretações a esses desenhos, e Jacques aprovava ou desaprovava com sinais de cabeça. Foi assim que consegui ajudá-lo a exprimir seus conflitos inconscientes. Eu lhe perguntava se ele tinha um desgosto e, quando respondia afirmativamente a minha pergunta, eu lhe dizia: "Desenhe-o para mim." Durante duas semanas Jacques desenhou cenas de horror: um assassinato duplo, um homem assassinando um menino, e ele mesmo assassinado por um soldado, cabeças cortadas; pássaros e animais de formas fantásticas e atitudes agressivas, um homem com um bastão excessivamente longo fazendo soar o sino de uma igreja; um homem preso nos fios de uma aranha; uma mulher gritando por socorro. Um segundo desenho do mesmo dia está repleto de animais monstruosos, de homens com três braços com uma faca. Num desenho de 13 de novembro, Jacques representa as cabeças cortadas de seus pais e, ao lado, o "malvado" que cometeu esse crime. Foi essa a interpretação que Jacques nos deu quando falou. Num desenho de 14 de novembro vemos uma cobra, homens munidos de bastões em forma de pipas e de facas e um homem matando uma cobra. Um dos desenhos de 18 de novembro representa homens fantásticos, alguns passeando na Lua, outros providos de asas, pássaros enormes. Mais tarde, Jacques nos deu a seguinte explicação: os três "homens-lobos" giram em volta da Lua e atiram as crianças da Lua para a Terra, do alto para baixo, e matam-nas. Os homens de cabeça pontuda (ou gorro pontudo) são "homens-lobos" malvados que comem crianças. Nosso pequeno doente encontrou o germe desta fantasia no conto do Chapeuzinho Vermelho.

Todos esses desenhos são sobrecarregados, as cenas de horror se acumulam neles, a angústia se exprime em todos os rostos: no das vítimas, nos dos atores e nos dos espectadores.

Ao ver que pelos desenhos Jacques se desembaraçava de uma grande parte das angústias que o haviam atormentado, pensei que por essa via ele poderia também romper seu mutismo. Sua atitude para comigo também havia mudado. Hostil de início, tornou-se sempre mais amigável. Mas Jacques continuava mudo. Para encorajá-lo, trouxe um tablete de chocolate enrolado num papel com figuras e lhe entreguei sob a condição de que falasse no final da sessão. No correr dessa sessão contei-lhe uma historiazinha na qual eu fazia com que um garoto que chamei de Michel sofresse uma parte das angústias que Jacques podia ter sentido, mas dando uma saída feliz para essa história. Mas ela não continha nenhum fato sexual e não poderia contribuir para despertar a curiosidade pelas questões sexuais em nosso doente. Mal acabei minha história, e Jacques, que escutava com vivo interesse, quis imediatamente um lápis, mas só o pedia por gestos. Eu recusei, pois desejava a todo preço fazê-lo falar. Tomou então uma pena e desenhou um menino entre dois animais fantásticos. No fim da sessão devolveu-me o chocolate, mostrando-me, por gestos, que as palavras não queriam sair. Em resposta a minha pergunta: "Que te impede de falar?", ele desenhou um homem com uma faca na mão. A sessão toda mexera tanto com Jacques que na sessão seguinte ele revelou quase todo seu conflito secreto. Sob meu pedido de que desenhasse os aborrecimentos que tivera com seu pai, ele desenhou toda a família em lágrimas e me explicou por gestos que era devido a seu mutismo (fig. 2).

FIGURA 2 – Desenho de 21.11.1926
A família de Jacques chora devido ao mutismo do garoto.

Pedi-lhe de novo que me desenhasse a causa de não mais falar. Ele fez o segundo desenho de 21 de novembro: um homem com uma faca, uma criança e um objeto que mais tarde interpretou como sua barriga. Em resposta a minha pergunta: "Que te fez este homem?", ele desenhou uma criança na cama, o homem da faca ao lado dela. Insisti para que me contasse por desenhos todos os detalhes, e ele desenhou as cenas que se seguem na mesma folha: a criança em pé, para a qual se dirige o homem da faca e, finalmente, uma cena de castração absolutamente evidente. Aproveitei a ocasião para lhe dizer que não lhe cortariam nenhum membro, que não havia nenhuma razão para ter medo dessa punição, porque jamais se castiga as crianças desse jeito, e que ele logo se livraria de seus maus hábitos desde que não pensasse mais nisso. Na mesma sessão ele desenhou no final uma cena cheia de atrocidades. Um homem enforcado, uma cabeça cortada, fuzilamentos. Na explicação oral que nos deu mais tarde, ele nos falou de um assassinato triplo: o rei tinha matado o menino e eu, e tinha se matado em seguida.

Depois de nos ter revelado de maneira tão expressiva as visões de horror que o obcecavam, continuou, no entanto sem falar. Tentamos então romper seu mutismo através do medo. Foi encerrado numa cela, da qual o libertei depois de meia hora. O resultado foi o mesmo que no caso do chocolate. Jacques não falou, mas se apressou em desenhar uma criança em lágrimas, com um lenço molhado de lágrimas na mão e um homem de boné com uma faca na mão. No desenho seguinte vemos homens em atitudes misteriosas, com fuzis e bastões, aproximando-se de igrejas, casas e torres.

*

* *

Esses dois fracassos em meu tratamento decidiram-me levar Jacques a reagir através da interrupção das sessões, sendo que ele podia ver que eu vinha para o tratamento dos outros doentes. Na primeira sessão após esse intervalo que durou uma quinzena, Jacques tinha pressa em me contar sua tristeza. (Ele soubera que sua mãe estava gravemente doente.) Desenhou sua mãe na cama, uma criança ao lado dela com uma expressão de terror na fisionomia. Tratei de lhe explicar que ele não poderia ir ver sua mãe antes de falar. Disse-lhe que era preciso continuar a nos contar por desenhos tudo o que o atormentava, pois somente dessa maneira ele aprenderia a não ter mais medo e poderia voltar a falar. Fez então um segundo desenho. Nele se veem todos os seus membros cortados; uma repetição da cena de castração e sua mágoa pela separação de sua mãe. A explicação oral que nos deu em 1º de fevereiro confirmou plenamente nossa hipótese, o que aconteceu também para a maior parte dos outros desenhos.

Gostaria de chamar-lhes a atenção para um detalhe desse desenho, do qual falaremos mais tarde: o homem da barba estranha. Não se tem mesmo certeza se é uma barba ou uma língua.

Na sessão seguinte, 24 de dezembro de 1926, Jacques nos comunicou uma nova obsessão, a de lhe cortarem a língua. Parece que em casa haviam-no ameaçado com essa punição devido a seu mutismo. Mas esta não é a única causa dessa obsessão.

Os desenhos seguintes exprimem uma angústia crescente, uma inquietude profunda, não somente pelos temas repletos de atrocidades, pela repetição desses temas, mas também pela acumulação de objetos representados sobre a mesma folha. Por dramáticas que sejam as cenas representadas nos desenhos de 30 e 31 de dezembro, a explicação oral que Jacques nos deu mais tarde nos impressiona ainda mais. Um terceiro desenho de 30 de dezembro representa uma dupla operação, mas os enfermeiros com coifa e a mesa cirúrgica constituem somente o disfarce sob o qual Jacques apresenta um coito e uma castração. Com verdadeira arte, ele acumulou tudo o que contribuiu para a origem de sua neurose. Acredito que não me engano ao dizer que a pessoa deitada na mesa de operação deve representar ao mesmo tempo sua mãe e ele mesmo, e o homem ao lado, seu pai. O horror tão bem expresso na fisionomia do operado não pode deixar de simbolizar seu próprio medo da castração, ao qual o desenho da barriga esburacada faz alusão. Foi Jacques quem nos deu essa interpretação da barriga esburacada, desenhando um menino como uma criança a quem cortaram "as partes". A atitude do cirurgião indica antes uma cena disfarçada de coito e também a importância que Jacques atribui ao duplo pênis que o cirurgião possui nesse desenho. A operação à esquerda é menos clara. A explicação oral que Jacques nos deu mais tarde confirmou nossas suposições, mas acrescentou um novo elemento na transferência que fez comigo. Num desenho ele identifica minha pessoa com sua mãe e consigo mesmo. E nos diz: "A doutora está doente, um médico rega sua barriga aberta e coloca um osso que vai substituir a barriga tirada." Para nos informar de que se trata de uma castração na operação da barriga, Jacques nos disse que ele mesmo sofreu uma operação na barriga. Representa num desenho sua barriga isolada com um buraco no meio. A explicação que nos dá prova-nos também que ele não distingue claramente o ato sexual do ato de urinar. Os depoimentos de outro doente trouxeram a confirmação de que as crianças se representam o ato sexual por essa imagem. Trata-se de um menino de 14 anos, muito inteligente, que tinha o hábito na análise de decompor as palavras. Ele decompôs a palavra *venger* (vingar) em: ven = ventre, ger = jato de água; ou seja, no total: um jato de água no ventre, imagem pela qual representava o coito.

Sob todos os pontos de vista psicanalíticos, esse desenho é muito instrutivo e nos dá também a explicação muito precisa do que Jacques quer simbolizar com as barbas, as línguas, os bastões, os braços estranhamente alongados. Mesmo após ter exprimido nestes desenhos seus complexos mais importantes, Jacques não se desembaraçara ainda de todos os conflitos. No dia seguinte, ele desenha de novo uma dupla operação e nos apresenta sob um novo aspecto a questão da castração, ou antes, da punição pelo onanismo. Num desenho de 21 de dezembro de 1926, duas pessoas cortam com uma faca os braços da pessoa deitada. A pessoa operada está deitada na cama, mas o cenário médico está ausente. Ao contrário, numa outra cena à esquerda no mesmo desenho, o cenário médico é muito rico, mas a operação em si mesma não é visível. A cena à direita baseia-se no fato de que prendiam as mãos de Jacques à noite para impedi-lo de se tocar. Parece-me que a pessoa à direita é um homem – seu pai – e a da esquerda uma mulher – sua mãe.

A explicação que mais tarde o doente deu para esse desenho é das mais preciosas: ele diz que me cortam os braços, a mim, doente de gripe, para me curar, pois minhas mãos estão sujas, "são más porque fizeram sujeiras". Na segunda operação um médico me corta "as partes". Dois ossos estão sobre uma mesa. Não se pode desconhecer a significação dos ossos nessas circunstâncias. O mesmo vale para a cabeça cortada, que nada mais é do que outro símbolo da castração.

Parecia chegar o momento em que Jacques não mais poderia adiar a fala, mas os fatos nos provaram o contrário.

Em janeiro, Jacques começou a molhar a cama com frequência, o que não lhe acontecia antes senão muito raramente. Para me explicar a causa desse fato, Jacques fez em 11 de janeiro um desenho no qual se representou adormecido na cama com o urinol ao lado e objetos esparsos em volta.

À minha pergunta: "Você viu esses objetos num sonho?" Jacques fez um sinal afirmativo. Mais tarde me deu a mesma explicação verbalmente. No desenho de 14 de janeiro Jacques repete todas as suas misérias devidas aos homens de bastão, faca, seringa.

Em 20 de janeiro ele fez as necessidades nas calças, urinou na escada e sujou tudo. A sessão de 21 de janeiro foi muito dramática. Através de desenhos, Jacques contou todos os males que lhe aconteceram. Tinha uma aparência inquieta e infeliz. Parecia lutar contra seu mutismo, mas ainda não conseguia rompê-lo.

*

* *

Com a conduta que acabamos de mostrar, Jacques exprimia o interesse que tinha pelas funções de excreção. Principalmente a série de desenhos feitos em casa, antes de sua entrada no Patronato, nos mostra a importância que dava a essas funções. Representa neles duas pessoas, uma ao lado da outra, sentadas em penicos, e nos explica mais tarde que essas pessoas representam sua mãe e ele. No interesse do pequeno doente pela função de excreção, não chegamos a discernir uma curiosidade quanto ao nascimento das crianças. Na maioria das crianças essa questão está intimamente ligada à função de excreção, explicação mais aprovada pela imaginação infantil quanto à maneira pela qual as crianças vêm ao mundo.

É possível que a curiosidade de Jacques não tenha sido levada nessa direção por só ter uma irmã mais velha. Ele não tinha vivido o conflito psicológico despertado pelo nascimento de uma irmã ou irmão caçula. Talvez tenha se aproximado da questão no desenho dos homens-lobos que comem as crianças. Ele fora inspirado pela história de Chapeuzinho Vermelho, que simboliza o nascimento. Com os homens-lobos, Jacques representa o nascimento ao contrário, como acontece com frequência nas lendas.

Ainda num outro desenho, um homem urina num vaso, ao lado de um rapazinho com as "partes cortadas". Jacques nos diz que se trata de seu tio e de um menino. Estamos convencidos de que queria representar seu pai e ele. O comportamento de Jacques em janeiro representava apenas o resto das manifestações de seus conflitos inconscientes, ligadas a sua preocupação com as funções de excreção. Depois que esse conflito passou da camada inconsciente para a consciente, desapareceu toda a angústia que obcecava Jacques. Ele perdeu todo o medo que o impedia de falar e, na primeira ocasião de visita dos pais, dois dias mais tarde, começou a responder em voz baixa às perguntas de sua irmã.

Jacques fala desde 23 de janeiro. A partir dessa data repassei com Jacques todos os desenhos, pedindo-lhe sua interpretação. Comecei pelos últimos desenhos, que contêm mais elementos sobre a origem de sua neurose, e terminei pelos desenhos que fizera em casa. Dessa forma obtive uma confirmação muito clara de minha hipótese sobre a origem da neurose e sobre a significação de seu mutismo. A princípio ele só respondia em voz baixa e com palavras muito abruptas. Mas, pouco a pouco, chegou a se exprimir em voz alta. Sua atitude para com o ambiente mudou muito também. Ele se mantém ereto, olha sem medo em torno de si e responde também a pessoas estranhas. Durante sua permanência no hospital Pasteur, de 2 a 17 de março, por ocasião de uma rubéola, sua conduta foi impecável. Não urinou na cama e respondeu às perguntas das freiras.

No Patronato, manteve-se ainda um pouco afastado nos últimos dias de seu internamento; na maior parte do tempo ocupado em desenhar; mas na recreação brincava com as outras crianças, provocando-as com frequência.

Sua atitude para com o pai mudou completamente. Ele lhe fala muito amigavelmente e demonstra grande alegria em vê-lo. Foi para casa várias vezes, em visita, e todos ficaram impressionados pela mudança de seu comportamento.

Há mais de três meses voltou definitivamente para casa. Comporta-se bem e fala até demais.

Toda sua vida se desenrola num mundo imaginário. Mesmo atualmente prefere responder uma pergunta complicada com um desenho, ao invés de uma palavra. Como nos demonstra o desenho de 3 de fevereiro, que representa um soldado a cavalo e outro a pé dando tiros de fuzil e acendendo duas velas no céu: "Eles querem matar Deus", nos diz Jacques. É a primeira vez que dirige sua imaginação para um assunto supraindividual. Deus representando seu pai numa região mais alta.

É necessário ainda apontar o interesse de Jacques pelos sonhos. Ele os conta e os desenha. O homem da faca que representou num desenho de 22 de março era uma visão.

Desde que se livrou de sua angústia, o caráter de seus desenhos mudou. Segundo Freud, o recalque provoca a sublimação; em nosso doente o recalque ativou a imaginação e contribuiu para a riqueza do tema de seus desenhos. É muito interessante que o próprio Jacques o tenha percebido. Quando lhe pedi, em 28 de fevereiro, que refizesse o desenho de 28 de outubro que tinha se perdido, ele me disse: "Eu me lembro muito bem dele, mas não poderia mais fazer exatamente o mesmo desenho." Ele tinha razão. A diferença entre esses dois desenhos sobre o mesmo tema é chocante. Enquanto que o de 28 de outubro (fig. 1) exprimia uma angústia assustadora, um acontecimento surpreendente que se passava à noite, às escondidas, o segundo nos mostra dois homens em tranquila conversa diante de uma casa com a luz acesa. Jacques desenha com frequência agora cenas cômicas e me mostra seus desenhos com um ar zombeteiro. Ele desenha os Fratellini saindo de um "Palácio", mulheres em roupas de homens. Já conhece sua vocação; disse-me que quer ser pintor.

A mesma liberação produziu-se em sua atitude para com o pai. Após dois anos de hostilidade, fala-lhe amigavelmente; o medo desapareceu completamente. Por várias vezes Jacques me disse que não sentia mais medo de seu pai nem do homem que corta as pernas, as mãos e outras coisas, que não pensava mais nisso. Ele me contou que em Arcachon, onde passou seis meses com a mãe e a irmã, em 1925, não queria ver seu pai. Ele fugia quando o pai estava lá, não queria que o pai viesse, sentia mais medo dele à noite do que durante o dia. Sabemos que o início da neurose de Jacques remonta a esse período de estada em Arcachon. Lá Jacques teve a oportunidade de ter sua mãe inteiramente para si, prazer que a visita do pai impedia pelo menos em parte. Havia uma dupla razão para temer mais o pai à noite do que de dia: o pai o privava da mãe e lhe lembrava a proibição de se tocar.

*

* *

FIGURA 3 – Desenho de 28.2.1927 (comparar com fig. 1)

Uma coisa na qual o fogo foi aceso. A conversa entre o homem do capacete e o personagem de chapéu (provavelmente Jacques) é de agora em diante tranquila. A ausência da Lua parece indicar, considerando o costume do sujeito, que a cena se passa durante o dia.

A história da doença de Jacques contém fatos muito banais, muito conhecidos na prática psicanalítica. Os dois núcleos principais, o complexo de Édipo e a castração, levaram nosso pequeno doente ao mutismo e a uma atitude hostil para com o pai. A ilustração mais surpreendente dessa hostilidade está representada por um dos desenhos que Jacques havia feito em casa, antes de sua admissão no Patronato. O assassino que corta a cabeça de um homem tem uma semelhança impressionante com o menino do desenho que nos serviu de ponto de partida do tratamento (fig. 1). A cabeça cortada lembra a cabeça do assassino.

Poder-se-ia objetar que nossa análise não está completa, pois não chegou à reconstituição do trauma primordial. Somos de opinião que o inconsciente de Jacques encontrou uma solução salutar do problema que o atormentava havia tempos, realizando-o nos desenhos simbólicos, através dos quais nos deu provas de que se dava conta do sentido oculto das relações de seus pais.

Ele ficou contente por encontrar na pessoa da psicanalista alguém que compreendia sua linguagem e que dissipava seus temores sem fundamento. Tendo obtido a cura completa, não ousamos levar mais longe a pesquisa de informações concernentes às questões sexuais nessa criança de inteligência média e de imaginação muito viva.

Parece-me de particular interesse que Jacques tenha nos dado documentos incontestáveis sobre estes problemas no psiquismo da criança. Na psicanálise de adulto lidamos com as reminiscências do trauma vivido na infância. Creio que é a primeira vez que vemos o conflito em seu estado primordial, poder-se-ia dizer, representado por desenhos inspirados pelo inconsciente da criança.

Os desenhos de nosso doente contêm todos os mecanismos psicológicos constatados por Freud: a condensação (o coito e a castração no mesmo desenho); a transposição de baixo para cima: cortam a língua, a cabeça, as mãos do doente, nada mais que símbolos do órgão sexual; a identificação: Jacques identifica minha pessoa com a sua e com a de sua mãe e me faz sofrer todos os horrores que acreditava ameaçarem sua mãe e ele próprio; a sobredeterminação: Jacques nos representa o mesmo tema várias vezes e sob as mais diferentes formas; e, enfim, a transferência, que desempenhou o papel principal na cura de nosso doente.

O que me parece ainda particularmente interessante é que Jacques emprega, para designar os objetos que teme os mesmos nomes que o doente de Freud na *História de uma neurose infantil* (*O homem dos lobos*). Jacques fala dos homens-lobos que comem as crianças. O desenho que fez não deixa nenhuma dúvida de que esses homens-lobos são um símbolo do pai. Ora são providos de línguas que pendem de suas bocas, ora são os que comem as crianças. Para o doente de Freud, o lobo do sonho simbolizava o pai, e a cena em que o via no sonho desperta nele a lembrança do coito de seus pais, observado pelo doente antes dos quatro anos de idade.

Creio não estar enganada ao procurar o motivo do mutismo de Jacques no medo de que lhe cortassem a língua como punição por se ter tocado, e na necessidade de ser punido por seu desejo de morte do pai. Esse mutismo tinha uma base dupla, portanto: o medo da punição e a punição que ele mesmo se impôs.

A cura que obtivemos após três meses de tratamento prova-nos que a análise infantil é de duração mais curta do que a de adultos. Anna Freud tem razão ao dizer em seu livro sobre a técnica da análise infantil que o caminho percorrido pela criança neurótica não é o mesmo do adulto doente. Na criança, trata-se de uma neurose atual; não temos necessidade de quebrar uma via construída sobre bases falsas para em seguida reconstruí-la; na criança, chegamos em menor tempo às camadas onde estão seus conflitos.

Em nosso caso, vimos o papel que coube à transferência de Jacques sobre a psicanalista. Desde que se produziu a transferência, Jacques não teve mais dificuldades em nos revelar seus conflitos mais profundos.

Robert Fliess – falecido em dezembro de 1970 – viveu uma vida mergulhada na atmosfera da psicanálise. Era filho do célebre Wilhelm Fliess, o privilegiado correspondente de Freud.

R. Fliess completou sua formação médica e psicanalítica em Berlim e emigrou para os Estados Unidos em 1936. Praticou a psicanálise em Nova York, foi membro da Associação Americana de Psicanálise e lecionou por vários anos no Instituto Psicanalítico de Nova York. Era um homem extremamente cultivado, de espírito aberto. Seus escritos refletem seu engajamento e profundo interesse pela arte, em particular a música e a literatura. Além de The Psycho-Analytic Series, *ele escreveu* The Revival of Interest in the Dream *e editou* The Psycho-Analytic Reader. *O presente artigo é a única tradução francesa publicada deste autor.*

Nos Escritos *(Le Seuil, p.301), Lacan ressalta nestes termos o interesse do texto que se segue: "Robert Fliess... demonstra-nos que o discurso em seu conjunto pode tornar-se objeto de uma erotização conforme os deslocamentos da erogeneidade na imagem corporal, determinados a cada momento pela relação analítica."*

Silêncio e verbalização: um suplemento à teoria da "regra analítica"[1] (1949)

Robert Fliess

Este estudo consagra-se à seguinte proposição: a atividade física implicada na palavra – distinta do processo de verbalização – precipita a descarga de afetos regressivos que acompanham as ideias recalcadas. Entre outras coisas, essa liberação de afetos estaria na origem do fracasso da manutenção do recalque. A partir dessa proposição, podemos deduzir que o investimento – prazer fisiológico ligado à função verbal – é terapêutico em si mesmo, e no quadro da teoria da regra analítica é necessário dar-se conta dos efeitos erógenos da descarga pulsional inerente à palavra. Se realmente o recalque só pode ser bem-sucedido quando o próprio afeto ligado às ideias recalcadas é suprimido, ou, como o exprimia Freud, "as vicissitudes do montante de afeto da representação" (contrariamente às do conteúdo ideativo) "são decisivas para avaliar o sucesso do recalque", precisamos considerar seriamente os efeitos que tem sobre o recalque (de uma representação) a descarga dos afetos que a ele se ligam pelo investimento do prazer fisiológico de pôr em funcionamento o aparelho de linguagem.

Os efeitos da verbalização sobre o recalque no tratamento analítico foram descritos de maneira exaustiva. Referimo-nos, por exemplo, à formação de derivados da ideação inconsciente recalcada, à possibilidade de comunicar esses derivados na relação transferencial e de exprimir também experiências afetivas no processo de livre-associação. De nossa parte limitar-nos-emos a tratar de certa influência da verbalização sobre o recalque.

Em *Contribuições do erotismo oral na formação do caráter*,[2] Karl Abraham nos dá a primeira descrição analítica da palavra *per se*: encontramos nesses sujeitos certos traços de caráter que obrigam a referência a um curioso deslocamento no interior do domínio oral. Seu ardente desejo de satisfação pela sucção transformou-se numa necessidade de *dar* pela boca, de forma que descobrimos neles, além do desejo permanente de obter tudo, uma necessidade constante de comunicar-se oralmente com os outros. O resultado é uma logorreia, na maior parte dos casos ligada a um sentimento de estar demasiado pleno. Esses sujeitos dão a impressão de que a riqueza de seus pensamentos é inesgotável e atribuem um poder particular ou um valor excepcional a suas palavras. O essencial de seu contato com os outros se efetua sob forma de descarga oral. A insistência obstinada descrita acima toma principalmente a forma da palavra. Mas essa função serve ao mesmo tempo para dar. Pude constatar que esses indivíduos, mesmo fora do domínio verbal, eram igualmente incapazes de se conter. Não é raro encontrar entre eles uma necessidade neurótica e exagerada de urinar, que pode aparecer em concomitância com um fluxo de palavras, ou logo após.

As observações de Ella Freeman Sharpe num artigo de quase 20 anos atrás – "Problemas psicofísicos revelados na linguagem" – vão nos permitir desenvolver as implicações dessa primeira observação de Abraham. Eis o que nota a srta. Sharpe:[3]

> Quando o ego finalizou sua obra e o controle do corpo é equilibrado e automático, não podemos mais manejar da mesma maneira as emoções de cólera e prazer que até então acompanhavam as descargas corporais. A criança adquire ao mesmo tempo a linguagem e o controle *esfincteriano* do *ânus* e da *uretra*, e essa nova possibilidade de *exterioridade*, presente desde o nascimento, vai ser de primeira importância. A descarga da tensão, que não pode mais se efetuar pelo viés do físico, pode se dar pela palavra. A atividade de falar substitui a atividade das *aberturas do corpo. As palavras tornam-se substitutos de substâncias corporais...*

Se o que Sharpe enuncia pode aplicar-se ao que Abraham descrevia, pode-se dizer que a *libido* liberada pela palavra é sem dúvida nenhuma "oral", enquanto que a erogeneidade em causa é "uretral". Para algumas pessoas, falar pode ser o substituto total ou parcial de um ato urinário infantil sexual agressivo. A natureza excretora da micção explicaria essa reversão *vetorial* que Abraham designa, na terminologia de sua época, de deslocamentos particulares da esfera oral: "A gratificação pela palavra" transformar-se-ia em necessidade de "dar pela boca". O "valor inusitado" que esses sujeitos atribuem a suas declarações reflete, portanto, Abraham vai notar em seguida, "uma valorização narcísica idêntica àquela que no inconsciente é atribuída às produções corporais e psíquicas", a exemplo da que a criança atribui a suas produções físicas excretórias.

A "influência particular" que os sujeitos tagarelas atribuem a suas verbalizações é ao mesmo tempo destrutiva e procriativa; eis a descrição de Abraham:[4] "Essa necessidade de falar significa desejar, tanto quanto atacar, matar ou destruir e ao mesmo tempo toda espécie de evacuações corporais (*Entleerung*), inclusive a fecundação." Portanto, em sua descrição, o tipo particular de excreção que os sujeitos imitam através do discurso é urinário, a descarga instintiva é erótico-uretral, e seu fim procriativo só pode ser compreendido sobre a base de uma persistência das "teorias infantis" e de uma "organização fálica". Daí provém esse "desejo obstinado" de exibir-se verbalmente, esse "transbordamento" do discurso ao preço de uma diluição do conteúdo, e esse caráter inesgotável do pretenso pensamento, em paralelo com a abundante emissão de urina, sem ligação com a quantidade absorvida.

Para resumir, os sujeitos descritos por Abraham utilizam o aparelho de linguagem para realizar por deslocamento uma descarga pulsional regressiva erótico-uretral e tiram de suas palavras a mesma gratificação pulsional que obtinham e ainda obtêm da micção. Em todo caso, quando o aparelho de linguagem serve a esse objetivo de descarga, ele deve imitar o ato fisiológico do prazer específico da zona erótico-uretral, em particular do esfincter uretral, a ponto de obrigar o discurso a adquirir certas características da produção excretora implicada.

Estudamos aqui a observação de Abraham que sustenta uma hipótese, entre outras. O processo da palavra, substituto da atividade erótico-uretral, pode também ser objeto de um deslocamento de descarga pulsional erótico-anal. Além disso, frequentemente mistura-se aí uma utilização regressiva do aparelho de linguagem para fins de descarga pulsional da zona erótica oral.

Deveríamos, portanto, poder descrever tipos de linguagem regressiva erótica-parcial, distinguindo certas qualidades sonoras. O aparelho de linguagem funcionaria então conforme o modelo da atividade erógena de uma zona particular. Esse modelo, utilizado de maneira erógena regressiva, condicionaria a palavra segundo um modo de produção excretora particular. Poderíamos também descrever fenômenos de interferência provocados por uma necessidade de descarga pulsional muito regressiva que faria irrupção na palavra e desviá-la-ia temporariamente de sua função oral, substituindo assim uma verbalização por um modo de expressão pré-linguístico.

Foi o que pudemos observar. Não obstante, esses tipos de linguagem regressiva erótico-parcial só se observam em sujeitos que mantiveram ou reencontraram, de maneira permanente ou temporária, as atividades excretoras eróticas parciais na origem de sua função sexual. Esses sujeitos manifestam sintomas neuróticos ou perversões que se ligam diretamente a ela (micção imperiosa, anúria, diarreia, constipação, jatos urinários, utilização masturbatória de lavagens etc.) e o aparelho de linguagem parece *ter suas realizações condicionadas pelas características funcionais da atividade excretora cujo papel erógeno ele se vê obrigado a desempenhar.* Qualquer mudança de regime erógeno vai se refletir na linguagem; e quando a análise os conduz a abandonar esse distúrbio ou abuso erótico parcial, o discurso recupera a normalidade.[5]

*

* *

Nos limites desta comunicação não podemos descrever os diferentes tipos "de base" e "mistos" de linguagem regressiva erótico-uretral, erótico-anal e erótico-oral. (Se utilizássemos esse gênero de descrição, seria preciso classificar o transbordamento verbal descrito por Abraham como uma forma "mista", associando uma "linguagem regressiva erótico-uretral" e uma "linguagem regressiva erótica fálico-uretral".) Limitar-nos-emos a uma breve apresentação dos tipos de base de silêncio correspondentes. Pode parecer surpreendente sustentar a existência de diferentes tipos de silêncio, no entanto podemos avançar e sustentar essa teoria verificável pela observação clínica e que nos leva a esta conclusão: se a *palavra* é um substituto da atividade esfincteriana, o *silêncio* seria o equivalente de um fechamento esfincteriano. A dificuldade de certos pacientes em seguir a regra analítica poderia ser concebida como ligada ao medo de um deslocamento da incontinência. Dito de outro modo, quando um paciente para de falar, isso pode corresponder a uma retenção das palavras, substituto de uma produção excretora retida. Certa forma de silêncio, portanto, deve poder referir-se ao fechamento de um esfíncter em particular. De fato, é o que podemos observar. Três tipos diferentes de silêncio de base podem acontecer no tratamento. Pode-se observá-los e descrevê-los clinicamente graças às seguintes características:

a. a maneira pela qual *começa* a pausa no discurso;
b. o grau e o tipo de *oposição* à palavra e à comunicação do pensamento pelo silêncio;
c. o *comportamento* durante o período de silêncio;
d. o *cessar:* reação do paciente à injunção do analista para que retome a verbalização.

Essas diferentes formas de silêncio "erótico parcial" são, sem dúvida, interrupções de uma linguagem "erótica parcial", pausas ou cortes na verbalização do tipo de pausas ou silêncios da partitura musical.[6]

Desculpamo-nos com o leitor por termos descritos esses diferentes tipos de silêncio sem evocar os tipos de linguagem erótico-parciais correspondentes. Rogamos-lhes compensar as imperfeições desta apresentação geral e esquemática mantendo-se atento ao contraste entre os pontos mais importantes das descrições que se seguem.

1. *Silêncio erótico-uretral* (o aparelho de linguagem funciona segundo o modelo do esfíncter uretral no momento de seu fechamento).

É a forma mais "normal" de silêncio, a que mais lembra o silêncio que pontua uma conversação corrente. O paciente não parece paralisado em nenhum conflito no início ou no fim desse período de silêncio, ele se deixa ir, parece absorto em seus pensamentos, sem tensão aparente. Não se mexe, não se entrega a nenhuma pantomima, dá somente a impressão de ter "esquecido" de seguir a regra analítica. (Às vezes lembra um indivíduo sob a influência de um ligeiro sedativo ou no primeiro grau da hipnose.) A presteza do paciente em retomar a verbalização confirmará essa impressão. À pergunta: "Que é que lhe vem ao espírito?", o paciente responderá rapidamente: "Oh, eu estava justamente pensando...", e entregará o conteúdo desse pensamento. (Constataremos quase sempre uma modificação do assunto abordado, modificação significativa da substituição de uma corrente de pensamentos por outra menos afetiva que a primeira.) Para controlar o afeto regressivo correspondente a essa ruptura na ideação verbalizada, seria preciso impedir a manifestação da descarga pulsional erótica uretral. Ao interromper o fluxo de palavras, o aparelho de linguagem funciona assim segundo o modelo do esfíncter uretral no momento de seu fechamento. Dessa maneira, manifesta a atividade "quase voluntária" e debilmente "peristáltica" daquele esfíncter.

2. *Silêncio erótico-anal* (o aparelho de linguagem funciona segundo o modelo do esfíncter anal no momento de seu fechamento).

Contrário ao precedente, este tipo de silêncio não parece "normal", parece emanar de uma inibição. Aparece de maneira incongruente na estrutura gramatical, interrompe a sintaxe e parece perturbar quem fala; o sujeito não consegue prosseguir quando o analista o convida, nem entregar o pensamento omitido.

Durante todo o tempo que dura este silêncio, muito variável, o paciente apresenta um estado de tensão e de conflito. A expressão do rosto e a postura evocam um indivíduo em sofrimento, ou mesmo tomado por uma dor física; a perda aparente de contato lembra a de um estado subcomatoso.

Essa espécie de silêncio pode acompanhar-se de uma gesticulação típica de certos estados espasmódicos; o paciente segura, ou esfrega a cabeça como nos estados de enxaqueca ou se imobiliza e se agita como se desejasse aliviar uma câimbra abdominal. No final desse período de silêncio erótico-anal, o paciente com frequência entrega apenas uma parte de seu pensamento, mas não todo o pensamento. O discurso vem mais para interromper o silêncio do que o silêncio para interromper o discurso.

Dizendo de outra forma, o quadro clínico que o silêncio erótico-anal apresenta é mais regressivo que o do silêncio erótico-uretral. Trata-se de um conflito a favor ou contra a verbalização, conflito mais dramático. Dessa vez, o processo excretório trazido para a palavra é de natureza "peristáltica", suas interrupções funcionam no modelo do poderoso esfíncter anal. A interrupção do discurso do paciente parece "involuntária"; quando recomeça a falar, ele parece lutar contra uma resistência quase física e, quando o analista sugere a retomada verbal, provoca uma reação parecida à da criança a quem se aplica uma lavagem.[7] Para controlar um afeto regressivo por um silêncio, o aparelho de linguagem deve funcionar segundo o modelo do erotismo anal, deve tratar o produto excretado – "a palavra" – como se fosse de natureza sólida e inibir sua "excreção", manifestando diferentes graus de "constipação verbal".

3. Silêncio erótico-oral (o aparelho de linguagem escapa ao controle da erogeneidade oral).

Ao contrário dos dois outros, este tipo de silêncio não suspende nem interrompe o discurso, antes substitui uma verbalização por um silêncio. Intervém sem motivo aparente, de certa forma lembra o mutismo e dá a impressão de que o paciente "ausentou-se" fisicamente. O analisando não manifesta nenhum sinal de luta ou conflito, ele repousa tranquilamente ou se entrega a uma espécie de pantomima que testemunha a emergência de um acontecimento erógeno. O silêncio parece "interminável" e raramente termina em seguida a uma injunção do analista; em geral resolve-se espontaneamente. Desde que possa, o paciente evoca seu comportamento e explica – e pode-se acreditar – a que ponto sua incapacidade de falar era real, autêntica e insuperável. A falta completa de afeto, de motivação que pode induzir, sustentar ou acompanhar esse período de silêncio, torna-o compreensível, mas às vezes intrigante para o paciente. Uma espécie de silêncio "*malgré lui*".

O silêncio erótico-oral é mais regressivo, portanto, que os silêncios precedentes e também se constrói diferentemente. Se o sujeito perdeu a palavra, é porque se tornou um "infans", alguém que, como sabemos, recebe esse nome pelo fato de não ter ainda entrado na linguagem. É essa transformação radical que emudece subitamente o paciente.

Se partirmos do princípio de que o aparelho de linguagem funciona imitando a zona erótica oral predominante na origem, é preciso considerar o seguinte: o "sugar" – função passiva de ingestão – exclui a atividade de excreção da palavra. Ademais, a pulsão ativa agressiva correspondente, o "mordiscamento", desemboca para o sujeito numa ruptura brutal com seu objeto arcaico. Enfim, no que diz respeito a outro componente da pulsão de ingestão, a "devoração", é preciso levar em conta uma complicação ulterior: Freud nos ensinou que a relação inicial ao objeto-pais não é uma relação de objeto libidinal, mas uma relação de objeto narcísica. A natureza dessa relação é a de uma "identificação primária", e a atividade de ingestão da criança nos fornece o modelo. Em seguida, quando se distingue do "ego", o objeto submete-se ao desejo de incorporação, ou seja: as energias liberadas pela zona erótica oral tornam-se canibalescas. Em situação de silêncio erótico-oral total, o paciente libera essas energias, ativas e passivas, explorando a situação analítica a serviço de uma transferência que exige uma incorporação mútua do sujeito e do objeto. O analista é incorporado, ele deixa de existir como objeto do mundo exterior e sua influência sugestiva fica momentaneamente suspensa. Em paralelo a essa "incorporação total do objeto não dividido" (Abraham), o paciente substitui temporariamente a situação analítica por uma experiência "intrauterina".

Nesse caso, o aparelho de linguagem não funciona mais no modelo da atividade esfincteriana, mas o controle do afeto regressivo efetua-se ao modo de um retorno a um ego infantil precoce. A sobrevinda de um silêncio erótico-oral na verbalização assinala a intrusão de uma transferência "arcaica" na situação analítica que impede a palavra e conduz a um controle erógeno das primeiras energias pulsionais orais, libidinais e agressivas.

Ilustraremos esses três tipos base de silêncio erótico-parcial com dois exemplos clínicos.

Exemplo 1

Trata-se de um paciente que durante todo o período inicial de sua análise utilizou uma mistura de linguagem erótica fálico-uretral e de linguagem erótico-anal. No caso, poder-se-ia comparar esse discurso variado, desembaraçado, bem construído e doutrinário ao de um orador. Essa maneira de falar, eficaz em face de uma audiência, com certeza não é a que convém a uma análise, pois quase exclui a associação livre. Esse excelente orador era obcecado por uma fantasia: abandonar-se a uma incontinência urinária no interior de uma mulher. Ele se molhava de maneira perversa e antes de dormir sentia-se obrigado a provocar todas as noites uma evacuação, introduzindo sabão no reto. Reconheciam-se em sua linguagem as características de seu regime erógeno:

essa mistura de traços eróticos uretrais e eróticos anais. Seu silêncio, ao contrário, era puramente erótico-uretral. Ele manifestava todas as formas de silêncio erótico-uretral, mas nenhuma das formas do silêncio erótico-anal. A forma de silêncio utilizada por esse paciente transformou-se de maneira brutal e inesperada – o que, aliás, poderia ser previsto por razões teóricas. Durante a sessão, o analista exortou o paciente a pôr um fim a um de seus momentos de silêncio. Ele resistiu, tornou-se agressivo e recusou-se a comunicar seu pensamento. Exclamou, batendo no divã com cólera: "*Eu sei* que não obedeço à regra analítica" e recaiu em silêncio. Numa outra ocasião, bem no início da análise, tomado de uma súbita necessidade de urinar, ele determinou prematuramente uma sessão. Precisou sair para não se molhar. Entretanto, no banheiro público, só urinou com muita dificuldade, após certo tempo, e eliminando a urina gota a gota. Pareceu oportuno naquele momento entregar-lhe uma interpretação parcial da construção erógena de seu silêncio: associando a maneira pela qual ele utilizava atualmente a palavra na análise à maneira pela qual utilizou anteriormente a micção.[8]

Ele respondeu prontamente a essa interpretação, admitiu que tinha efetivamente lutado contra uma necessidade de urinar desde o início da sessão, mas a dissimulara por toda a sua duração. Essa resposta foi seguida por uma violenta denegação significativa. Declarou que de forma nenhuma sua resposta confirmava a interpretação, pelo contrário a invalidava. Fora sua concentração ao lutar contra a necessidade de urinar que o havia impedido de verbalizar. Essa declaração era uma resposta tipicamente agressiva a uma *injunção* do analista após um silêncio erótico-anal. Ela permite ao teórico comparar, de um ponto de vista tópico, a tentativa anterior e a atual do paciente de resolver o conflito entre sua urgência de urinar e a necessidade de inibir essa urgência. Na primeira tentativa, ele se submeteu a essa urgência, ejetou-se simbolicamente do consultório, e sua oposição inconsciente traduziu-se por uma anúria espasmódica.

Trata-se no caso de uma sucessão de deslocamentos de investimentos: do esfíncter anal sobre a uretra, depois sobre o aparelho de linguagem, com o deslocamento correlativo do sintoma de constipação para anúria espasmódica e, enfim, aparição do silêncio erótico-anal.

Essa sucessão engaja apenas uma parte dos investimentos narcísicos. O recalcado mobilizado pelo trabalho analítico engaja a economia de uma parte das pulsões do sujeito, à maneira de uma descarga pulsional regressiva erótico-anal que se traduz, no tratamento, por uma descarga pulsional da mesma natureza: continência verbal que toma a forma de um silêncio regressivo erótico-anal.[9]

O deslocamento do investimento que acabo de descrever fora de fato vivido e descrito simbolicamente pelo paciente. O relato, tão bruscamente interrompido por um silêncio, dizia respeito a um episódio de sonambulismo da noite precedente, episódio que simbolicamente representava o deslocamento do investimento narcísico da zona erótico-uretral para a zona erótico-anal. O efeito impulsivo ("motor") do deslocamento no tratamento aparece como equivalente do ato ("locomotor") de sonambulismo.

Esse paciente acordava com frequência à noite com necessidade de urinar. Na noite em questão ele percebera com horror que, em vez de se dirigir ao banheiro, afastava-se em direção totalmente contrária para uma porta de seu escritório que dava para uma escada. ("Acordei bem a tempo, poderia ter me matado ultrapassando essa porta.") Dizendo de outro modo, a troca de porta, da "porta da frente" pela "porta de trás" do relato do sonambulismo, e também essa "expulsão interrompida" punham em jogo os mesmos fatores econômicos que no tratamento o impeliram a interromper sua verbalização com um silêncio erótico-anal.

Utilizando seu aparelho de linguagem de maneira erógena, o que ocasiona essa última interrupção silenciosa, o paciente se protege contra os "acidentes", em todos os sentidos do termo. Sem dúvida, é tão interessante para um paciente investir as palavras de maneira erógena enquanto representam uma produção excretora quanto investir sua pessoa para efetuar esse projeto pulsional.

Exemplo 2

Vamos ilustrar o silêncio erótico-anal descrevendo o comportamento de uma paciente que sofria de frequentes períodos de mutismo. Esse silêncio surgia sem que ela o quisesse e ela não tinha a mínima ideia do que poderia ter pensado durante aquele tempo. Sua sintomatologia erógena era inteiramente oral, com um sintoma principal de anorexia crônica, que acarretava um estado de magreza característico. Em presença de sua mãe ou de seu amante essa anorexia se agravava.

Além disso, desde a primeira infância sofria de uma síndrome particular que se manifestava por uma crise de anorexia acompanhada de ligeiras náuseas, uma sensação de vazio no estômago e um humor particular que ela qualificava de "certa sensação". Tanto quanto podia descrever, tratava-se de uma sensação de inibição motora completa associada a um desejo de "rastejar no interior de alguma coisa", ou de uma fantasia, parece, de "estar dentro".

Em um ano, graças a uma "terapia de substituição", ela conseguira passar de uma inatividade total para uma atividade agradável, satisfatória em quase todos os domínios. A influência persistente de uma mãe fóbica, proibidora e competitiva foi substituída pela influência do analista. A incorporação inconsciente desse último tinha sido de tal monta que bastava dar-lhe as costas (para ir buscar um cinzeiro durante a sessão, por exemplo) para provocar nela uma depressão grave. A facilidade com que começou a sentir sensações vaginais pareceu incrível num primeiro momento, até o dia em que, exprimindo sua grande satisfação em seguida a um "grande e bom orgasmo", ficou evidente que ela utilizava sua vagina como equivalente de um órgão de alimentação (o que sem dúvida lhe permitia investi-la com tão pouca hesitação). Dirá em seguida, quanto a sua primeira experiência sexual, que coincidia com o tratamento, que havia particularmente apreciado não ter que falar com seu parceiro e ter utilizado a boca tanto quanto a vagina.

Quando novamente o analista tentou persuadir essa paciente de que se ela interrompesse continuamente sua verbalização prejudicaria sua análise, ela respondeu pelo equivalente de um sonho de criança, tal como Freud descreveu: o desejo de fazer uma análise onde não precisasse falar, mas, ao contrário, recebesse a ordem de ficar em silêncio. O sonho, ao contrário dos sonhos de crianças, era longo, a elaboração secundária muito enganadora, como aquelas que levaram Freud a supor uma "elaboração fantasiosa noturna" (*nächtliches Phantasieren*), hipótese que em seguida abandonou. O resumo que se segue e certos excertos devem bastar ao nosso objetivo.

A sonhadora se encontra, tarde da noite, no consultório. Sente "calor" e está "bem"; sua perna escorrega pouco a pouco do divã e pende para o lado; está sem sapatos. "Você se ajoelha a meu lado, põe sua mão entre minhas pernas, apoiando-se fortemente sobre minha vagina. Era bom..." Paciente e analista se olham, o analista volta para sua poltrona e lhe diz: "*Não diga mais nenhuma palavra.*" Ele volta a se aproximar, nu, e se deita sobre a paciente. "A sensação de seu corpo nu sobre o meu (principalmente sua barriga) era tão excitante, que me paralisava toda... a excitação se espalhava por todo o meu ser (e não em alguma zona em particular). Não era somente um prazer sexual, mas também um prazer espiritual. No sonho, você me levava a crer que era uma espécie de 'tratamento' que fazia parte de minha análise. Em todo caso, eu tinha a impressão de que esse tratamento lhe dava prazer também. Acordei em êxtase."

A incapacidade dessa paciente para associar livremente não permitira até então a análise de seus sonhos. O desejo infantil inconsciente desse sonho é perfeitamente transparente, e sua representação é típica e bem conhecida. Esse sonho exprime o desejo pré-edipiano de penetrar na mãe; o sujeito e o objeto do desejo são concebidos ambos como fálicos, e no fato de "tocar", a atividade pulsional (*Triebhandlung*) aparece de uma maneira atenuada característica. Em todo caso, essa incorporação mútua é apresentada pela sonhadora como uma *alternativa à verbalização*, representação em tudo semelhante à construção pulsional de um tipo verdadeiro de silêncio erótico-oral tal como mostramos aqui.

Descrevemos o silêncio erótico parcial – fase da *linguagem* erótica parcial – para provar (como Abraham em sua observação clínica e Sharpe em sua investigação genética) que tal linguagem existe. Pode parecer contraditório generalizar, por um lado, que a verbalização em análise implica uma descarga pulsional acompanhada algumas vezes de uma liberação de afetos regressivos correspondentes à ideação recalcada, e, por outro lado, limitar esse acontecimento a pacientes que apresentem um distúrbio erógeno. Parece-nos que nenhuma neurose, por ligeira e intermitente que seja, escapa a isso, e que nenhuma análise pode ter sucesso sem a exacerbação temporária desse tipo de problema. Dito de outro modo: se e quando a neurose "infantil" do paciente – núcleo de sua neurose ulterior – é reativada pelo procedimento analítico, os sintomas da erogeneidade infantil de excreção ou ingestão, até então em estado de latência, tornam-se temporariamente manifestos e produzem uma linguagem erótica parcial. O deslocamento de tal erogeneidade para o aparelho de linguagem é um dos efeitos fundamentais da aplicação da regra analítica. A submissão do paciente a essa regra, como sua boa vontade em rememorar, deve-se às exigências da análise. Essa submissão está profundamente enraizada no complexo parental inconsciente. E, no entanto, o paciente poderia ser incapaz de responder às exigências dessa regra; é preciso acreditar, portanto, que ele consegue algumas vezes uma vantagem econômica particular. O trabalho analítico reativa a erogeneidade infantil e comporta, portanto, um perigo para sua organização egoica. Há um risco de ruptura nessa organização, sob a forma de uma perturbação da excreção ou da ingestão. O deslocamento das quantidades de investimento narcísico sobre o aparelho de linguagem vai permitir ao neurótico um domínio suficiente para proteger seu ego contra tal ruptura. Esse deslocamento deverá ser suficiente para efetuar uma descarga regressiva erótica parcial de certa quantidade pulsional por meio da palavra. É, portanto, esse o benefício econômico que consegue.

As diferentes formas de silêncio erótico parcial que se opõem à verbalização são sintomáticas de uma luta pelo controle da descarga pulsional, luta que engaja o ego infantil do neurótico no sentido de protegê-lo.

Para compreender bem o interesse de limitar o trabalho analítico à expressão verbal, é preciso apreciar o seguinte: ao transformar os derivados do pensamento inconsciente recalcado em representações de palavras sonorizadas, a verbalização necessita de uma abertura do corpo que vai delimitar uma zona erógena, permitindo uma regressão erógena. Este processo de transformação permite que os efeitos da percepção interna se tornem acessíveis a uma percepção externa por parte do analista, mas também por parte do paciente. O próprio fato de poder comunicar verbalmente o afeto correspondente à ideação recalcada permite que o paciente resolva sua inibição.

Sob um ponto de vista econômico, as atividades que acarretam uma descarga de afetos regressivos têm o risco de provocar uma diluição do afeto, em detrimento de sua concentração na palavra. Quanto ao ponto de vista topográfico, a liberação de quantum de afetos por outra erogeneidade que não a do aparelho de linguagem pode impedir o deslocamento sobre este último. É preciso reconhecer, no entanto, que o objetivo principal da exigência de submissão à regra analítica (liberar o máximo de descarga pulsional excretora) é obter o máximo de rememoração e o mínimo de passagem ao ato.

As consequências de tudo isto para a técnica do tratamento psicanalítico do sujeito psicótico são evidentes. Não se pode contar com o ego defeituoso do sujeito psicótico para obter a vantagem econômica de uma descarga pulsional verbal sobre uma descarga pulsional excretora. O caráter regressivo de sua organização psíquica implica uma rediferenciação topográfica cujo alcance e natureza mudam o contexto no qual aconteceram os deslocamentos da erogeneidade sobre o aparelho de linguagem no sujeito normal e no neurótico.

Quando se pede ou se permite ao sujeito psicótico que verbalize como o faz o sujeito neurótico, ele pode, portanto, tornar-se incontinente. E o analista, longe de fazer observar a regra de base, deverá não somente tolerar, mas com frequência encorajar essa transgressão. Seu trabalho será, portanto ainda mais eficaz se ele conseguir efetuá-lo com a ajuda da erogeneidade desses substitutos ou extensões de certos elementos do ego corporal que (para utilizar uma expressão freudiana modificada) podem ser descritos como *preliminares*. Lá estão elementos do *mundo objetal* – animado ou inanimado – mesmo que seu investimento seja narcísico; a transformação deles em elemento objetal libidinal é, de um ponto de vista econômico, uma condição prévia necessária para a restauração do elemento próprio do ego corporal. Se tal transformação puder ocorrer, retraçando, por assim dizer, os limites entre o *self* e o ambiente, poderá permitir que o ego ultrapasse as falhas *autoeróticas* da organização erógena do sujeito.

Uma atividade prematura da erogeneidade do aparelho de linguagem, pelo viés de uma verbalização sem limites, pode muito bem desencadear uma *fusão de investimento* entre o aparelho de linguagem e a zona erógena, em vez de conduzir a um deslocamento de investimento de um para outro. Então é a continência que fica ameaçada, e a resposta do ego a essa forma de estimulação pulsional excretora indireta pode levar a uma ruptura e nos arrastar ao que cotidianamente tentamos evitar quando nos abstemos de interpretações "penetrantes".

Conclusão

Apresentamos dados clínicos e considerações teóricas que nos levam a uma descrição *metapsicológica* do papel desempenhado pela verbalização no processo terapêutico.

1. De um ponto de vista *econômico e dinâmico*, a verbalização, ato motor, difere do ato de pensar – *trial acting* – que necessita de um quantum limitado de energia. A verbalização mobiliza maiores quantidades de energia de investimento, e a possibilidade de deslocamento dessa energia é limitada. De um ponto de vista *topográfico*, a verbalização, resposta de motilidade (discurso) a uma percepção (pensamento), é uma função do ego e, em análise, um instrumento na apropriação do conteúdo inconsciente pelo ego. Tal conteúdo, "representante da pulsão", estimula o desenvolvimento do ego num processo de apropriação por certas esferas da organização psíquica. O desenvolvimento é descrito por Freud como indo "da percepção ao domínio da pulsão" e depende da "absorção do representante da pulsão por um conteúdo psíquico". A composição topo-

gráfica desse conteúdo e as relações de seus elementos com certas fases do processo de verbalização precisam ser descritas.

2. No interior do quadro da tópica freudiana do aparelho psíquico fica evidente a distinção entre os dois componentes topográficos do ego se a posição primeira do núcleo do ego (representações de palavras) deslizar para o sistema Pcs/Cs. Pode-se pensar que as funções atribuídas ao sistema Pcs/Cs são funções nucleares do ego, ao mesmo tempo em que se consideram as representações das palavras como o substrato nuclear dessa parte do ego, "ego psíquico" a ser distinguido do "ego corporal". Essa formação não menos psíquica que a precedente pode ser considerada como a totalidade das "representações de órgãos", se as representações das zonas erógenas contidas são diferenciadas do resto das representações por sua dependência singular e direta do processo de prazer fisiológico de carga e descarga pulsionais. A posição central dessa formação no todo do ego foi reconhecida por Freud quando nomeou o ego como "antes de tudo um ego corporal".

3. Essas duas instâncias que compõem o ego refletem-se nos dois componentes do efeito sonoro da verbalização. O efeito é verbal e vocal; exprime a ideação e o afeto. O aspecto designado aqui como *verbal* concerne à absorção do pensamento inconsciente pelo conteúdo nuclear do ego psíquico. Em última análise, consiste numa integração dos traços mnêmicos de representações de palavras e é, teoricamente, um processo silencioso. O aspecto *vocal*, que se pode descrever como a materialização acústica dessas representações de palavras, é condicionado, como mostramos, pelo processo de carga e descarga pulsionais, e depende da constituição erógena do ego corporal. Essa dependência é mútua. A liberação do afeto regressivo pela utilização erógena do aparelho de linguagem

na verbalização pode, portanto, *provocar transformações na constituição do prazer fisiológico do ego corporal.* Na ausência de tais mudanças, um ego corporal regressivo mantém uma resistência a toda restauração, e o sujeito infantil, o das lutas patogênicas pré-genitais, pode permanecer, por exemplo, detentor de uma *boca primitiva*, de uma *cloaca*, de um falus, incapaz de abandonar sua posição por uma organização psíquica adulta.

4. A relação entre a função da verbalização e a outra instância tópica responsável pela ocorrência e manutenção do recalque, o superego, não é nem menos íntima nem menos específica. Ela é operante numa fase de verbalização aqui descrita como sendo a transformação dos derivados do pensamento inconsciente recalcado em representações de palavras sonoras acessíveis a uma percepção externa. Essa transformação leva a uma estimulação da esfera auditiva do paciente – uma esfera cuja posição na tópica do aparelho psíquico é nuclear para o superego. Otto Isakower defende essa posição, e num estudo intitulado "Sobre a posição excepcional da esfera auditiva", publicado há dez anos, desenvolve esta fórmula: "Assim como o núcleo do ego é o ego corporal, a esfera auditiva humana, modificada no sentido de uma capacidade para utilizar a linguagem, deve ser considerada como o núcleo do superego." A reintegração auditiva de certas imagens verbais na organização psíquica realmente faz nascer uma formação superegoica; igualmente no contexto das representações de órgãos, a reintegração de certos elementos erógenos em seguida à liberação vocal do afeto regressivo tem sua origem no ego corporal. Nos dois casos, a natureza psicossomática da verbalização e as relações em ação no processo de restauração são responsáveis por esses efeitos de correção.

II. Abordagem Clínica

As formas do silêncio no esquecimento de Signorelli

Marie-Claude Thomas

Neste tema, por nós escolhido, saudamos o símbolo do arrebatamento vibrante de um mistério de juventude que perdura ainda, símbolo do inicial.

Se nosso trabalho de analista, às voltas com uma experiência que é a prática de um discurso, implica que nossa referência seja a palavra, então o silêncio é seu ponto de parada. Mais, *o silêncio é o efeito de uma palavra em espera.*

Servindo a nossos propósitos faremos paradigma de uma fase da análise de Freud que ele tornou pública no artigo "Sobre o mecanismo psíquico do esquecimento", retomado no primeiro capítulo da *Psicopatologia da vida cotidiana*, "Esquecimento de nomes próprios".[1]

Situaremos nosso interesse não no valor sintomático do esquecimento e na combinação significante, mas no evento em si mesmo, cuja marca é o silêncio: Freud se cala, prestes a evocar a sexualidade dos turcos, em seguida Freud não tem palavras no momento de nomear o autor dos afrescos de Orvieto. Esses dois tempos de um silêncio *inauguram* uma formação do inconsciente – o esquecimento de Signorelli – e, por retorno, o que nos levará à hipótese de um terceiro silêncio no final da análise, o surgimento de uma construção antitética – "Morte e sexualidade" –, choque de palavras à primeira leitura que uma familiaridade factícia jamais apagará.

Dizer que o silêncio é uma parada da palavra, um efeito de uma palavra em espera, acarreta uma série de consequências articuladas a diferentes problemáticas. Em primeiro lugar, no campo filosófico, quanto à questão da origem da palavra, fundada ou não sobre o nada – esse nada que pode ser definido, com mestre Eckart, como uma palavra não pensada e não proferida que jamais brota para fora, permanece eternamente naquele que a diz, ou seja,o Verbo divino –, propomos o seguinte: assim como o vaso cria o vazio, a palavra cria o silêncio; voltaremos sobre o estatuto dessa palavra criadora que, ao recuar diante de sua insignificância ou falta de sentido, toma forma de silêncio. No contexto analítico, em seguida, quanto à noção de resistência – uma parada nas associações, um silêncio, por exemplo, classicamente classificada como uma resistência –, nós lembraremos a complexidade do fenômeno e seu justo porte de meio-dizer, como Lacan o evidenciou. Por outro lado, ao afirmar o primado da palavra, nós nos opomos a um discurso de celebração do silêncio enquanto homólogo do "continente negro", do infinito do gozo, da exaltação do corpo, celebração construída sobre a esquiva de um impossível de dizer.[2]

Dessas consequências, somente a segunda será desenvolvida, sendo que a terceira se deduz dela. Avancemos, entretanto, que essa última coloca o problema da barra colocada sobre o Outro, portanto da função do desejo do analista no princípio de separação do gozo. O retorno ao primeiro silêncio de Freud não deixará de sugerir como orientamos a coisa para uma raiz do dizer: sem verborreia, um meio-dizer.

*
* *

Ao conversar com um companheiro de viagem sobre os costumes dos turcos, habitantes das paragens que atravessam, e ao falar da submissão desses frente à morte, Freud para a conversação, cala-se, abstém-se de evocar o valor excepcional que os turcos dão aos gozos sexuais. Detém-no o pensamento de que o outro poderia julgar inadequadas suas declarações. Rompendo o silêncio, Freud desvia para lembranças que acredita mais anódinas, mais "polidas", para Orvieto...

Sim, se fizéssemos uma clínica do silêncio, reconheceríamos aqui *uma inibição*, por mínima que fosse, no sentido exato em que a inibição intervém antes da execução de uma ação, trava um relato *prestes a* nascer, devido a uma erotização da função da palavra. O artigo de Robert Fliess,[3] que Lacan cita a propósito de palavras que são tomadas nas imagens do corpo,[4] mostra precisamente como os silêncios marcam a inibição da satisfação ligada a tais imagens libidinalmente investidas. É assim que esses silêncios podem ser colhidos nos parênteses da resistência a uma palavra erotizada manifesta. Freud não nos dá elementos suficientes para estabelecermos em que nível a inibição de um gozo intervém nele; a não ser a preocupação com o suicídio de um paciente; nós também não insistiremos. A função do outro, ao contrário, é explícita: "Em todo caso, me abstive de comunicar esse traço característico, preferindo não abordar esse assunto escabroso numa conversação com um estranho." O outro está presente em sua forma extrema, aquela que está além do *alter ego* com quem Freud conversa, o *Alter.* A projeção que rejeita a sexualidade em falta fará retorno, como se sabe, pelo esquecimento de Signorelli. Essa projeção vai nos permitir explicitar a noção de resistência.

Um breve lembrete dessa noção nos fará avançar na complexidade do fenômeno. A resistência é o que faz obstáculo ao fluir dos pensamentos inconscientes, ao desenrolamento da cadeia dos significantes, em resumo, ao advento do saber inconsciente: eis a maneira mais precisa e, entretanto, mais geral de defini-la. Pois, em 1926, no "Adendo" à *Inibição, sintoma e angústia,* Freud repensa a resistência em função de sua nova tópica e cataloga cinco tipos de resistência; três delas encontram assento ao nível do Ego; a quarta ao nível do Id; a quinta, do Superego. Não deixa de apresentar dificuldades que um mesmo conceito venha indicar um mecanismo organizado em diferentes registros, e só se torne concebível numa abordagem lógica, a lógica do *a posteriori,* ou seja, a dos recalques.

As resistências do ego, que se pode chamar de resistências ao inconsciente, põem em jogo o ego como tal: o imaginário e seu investimento libidinal – em nosso caso precisamente o ego ideal – de tal sorte que ele vem interpor-se entre o sujeito e seu próprio discurso inconsciente. Devemos nos deter nesta formulação: "seu próprio discurso inconsciente". Não se trata do inconsciente de Freud ou de alguém, trata-se estritamente do discurso do Outro *enquanto parte faltante.* Essa dimensão transindividual do inconsciente,[5] o que nele é constitutivo, é reatualizado – reatualização *daquilo que não era*[6] – na transferência, que designamos como projeção imaginária e simbólica, por uma atuação. No "Esquecimento de um nome" temos o desdobramento desse mecanismo, sendo o primeiro silêncio uma reatualização, o segundo uma atuação ou formação do inconsciente.[7] Esse primeiro silêncio opera numa relação com o outro interlocutor, quer dizer, na dimensão de endereçado ao Outro, mas também de dependência em relação ao Outro (alienação), ao qual o esquecimento virá exibir (separação).

Se efetivamente é na escuta silenciosa de seu companheiro que surge para Freud o acontecimento pelo qual ele é tomado, nós podemos, no entanto, esclarecer que, radicalmente, o inconsciente se constitui de um refugo: não há resposta à pergunta: "Como este homem a minha frente julgaria minhas declarações se eu falasse da sexualidade dos turcos?" Nenhuma alegação do outro poderia respondê-la, não somente porque sua verdade é inacessível, mas bem mais fundamentalmente porque de certa maneira Freud responde: "Isso é escabroso." A convicção que rejeita um pensamento é um silêncio fechado, precoce e precipitado dirigido ao Outro, que só se abrirá quando, na falta da palavra, Freud começar a análise de seu esquecimento.

Mas mesmo que o sujeito se dirija ao Outro, "o estranho", ele só pode visualizá-lo através do personagem no qual se encarna para ele, seu *alter ego*, e é esse último, o companheiro investido de forma específica, que imaginariamente barra o acesso à parte que falta do discurso do Outro. O atravessamento de uma relação especular para o discurso no caminho da verdade e do gozo e protege o recalque.

É preciso notar que essa resistência, a saber: "tudo o que interrompe a continuação do trabalho" – e devemos admitir que, no caso, Freud está numa situação análoga à de análise – não deve ser considerada como interna ao "sujeito psicológico", como o comentário de uma vontade consciente de se calar poderia levar a pensar, mas deve ser situada unicamente em relação a um discurso que implica de maneira rigorosa o sujeito-suposto-saber, a transferência e a interpretação.

★

★ ★

Voltaremos a este silêncio, em particular à sua dimensão de abstenção voluntária, mas pensamos já ter feito sentir suficientemente como o outro, quer dizer, um investimento da imagem, pôde interromper Freud.

E se nessa história o eu "resiste", o inconsciente insiste. Alguma coisa essencialmente solicitada no momento do primeiro silêncio insiste. Um desejo tende a se fazer reconhecer, e a parte que falta do discurso do Outro não encontra melhor manifestação do que um buraco na memória. O silêncio do "calar-se" é completamente diferente do silêncio da palavra que falta. O primeiro vela, o outro desvela, um para, o outro recoloca em movimento, um é profundamente obscuro, o outro interpreta. E é esse aspecto, não mais de inibição, mas de atividade, que enfatizaremos a propósito do segundo silêncio.

Freud, portanto, após ter se calado, desvia a conversa e, ao falar de Orvieto, quer nomear o Mestre desses afrescos célebres que representam o Julgamento Final. O nome lhe falta.

Se entre os elementos que destacamos como constitutivos de uma resistência do eu – por um lado o *alter ego*, por outro lado o artefato de uma divisão de Freud entre uma posição de analista, que num sentido ordena a busca do nome esquecido, e uma posição de analisando que associa – há encontro, a situação é diferente quanto à relação ao Outro. Nesse caso, o sujeito não está mais numa relação de rejeição, de exclusão do Outro, de repressão e alienação, mas de inclusão e jogo. Antes o Outro estava descartado, estrangeiro – mesmo que o primeiro silêncio não dure mais que uma fração de segundo, ele abre uma brecha infinita entre o sujeito e o Outro –, agora Freud dispõe de fragmentos do não-dito, de ruínas metonímicas que o reaproximam do Outro do discurso e, em si mesmas, manifestam esse Outro como acostumado ao trabalho do recalque.

Proponho considerar esse segundo silêncio como um efeito das ruínas metonímicas: Boltraffio, Botticelli, Herzegovina, e como um limite imposto à via: Signorelli. Esse silêncio, como efeito de retorno das associações, é a *instalação* da transferência simbólica e, enquanto tal, *um limite agido*, quer dizer, um processo de histerização do trabalho analítico. Seguindo-se ao primeiro silêncio, clinicamente reparado como uma inibição, esse silêncio se aproxima do *acting-out* no que essa noção tem de essencial, a saber: agir a falta para fazê-la reconhecida, para que seja inscrita em algum lugar.

Enfatizar o aspecto de parada da palavra revela toda uma força retida: a interrupção de um dizer é a irrupção de um movimento pulsional. Uma metáfora apropriada para fazer sentir essa tensão do silêncio é a do tiro com arco. Imaginem esta sequência: o arco nas mãos, a corda tensionada, a flecha ajustada, imóvel. Parada da imagem nesse arco em tensão. Aí temos essa espécie de silêncio; entre os graus de intensidade da palavra, esse silêncio é a forma extrema, a que mais deixa passar a pulsão. E durante vários dias, até que um italiano o liberte de Signorelli, Freud arde. Arde no sentido que nas brincadeiras as crianças dizem: "Está quente" e arde de um tormento interior. Quando, nesse abismo de silêncio, surge uma luminosidade sobrenatural, as imagens se põem a cintilar, e Freud, por sensações mais vívidas que habitualmente, representa a si mesmo "com particular acuidade o autorretrato do pintor diante de seus olhos". Freud é olhar. É a estase luminosa do prazer estético, é o estado espiritual, diria Joyce a propósito da *claritas*.

Esse efeito produzido é imputável a uma transferência comparável ao deslocamento da intensidade de uma representação sobre um detalhe, à atração do recalcado por um resto, sem que seja possível ir mais longe. Quando Freud recupera Signorelli, "a lembrança *demasiadamente clara* (*überdeutlich*) dos traços do rosto do Mestre na pintura empalidece pouco a pouco". Na medida em que o significante é causa e limite do gozo, aqui temos um efeito de uma alucinação visual no imaginário e no real.[8]

★

★ ★

Freud leva a análise do esquecimento a um ponto que evidencia a importância e a necessidade da perlaboração. Dizendo de outro modo, a interpretação – o esquecimento e o reencontro de Signorelli – modifica o estatuto do primeiro silêncio como resistência do eu e "vontade" de se calar. Neste ponto poderemos formular algumas questões que argumentaremos a partir dos avanços da segunda tópica e dos avanços de Lacan.

Enfim, por que esses dois silêncios? Por que dois silêncios para que uma formação do inconsciente se organize? Por que um silêncio, depois outro por onde brota um tormento experimentado? Diremos que "sob" o silêncio havia um terceiro; Não "sob", mas com, alguma coisa estava em sofrimento, era uma dor. O que estava em sofrimento revela-se ao reencontrar Signorelli e propomos pensar esse terceiro silêncio como um efeito do significante Signorelli considerado estritamente como unidade psíquica inconsciente. Silêncio criado por um significante ausente, a pensar em retorno, silêncio que faz repetição, enfim, silêncio de outra espécie que não a de uma resistência do eu.

A partir de 1920, Freud foi levado a reconhecer a existência de uma resistência radical – sobre a qual suas hipóteses variaram – e irredutível às operações de defesa do recalque. A compulsão de repetição é a repetição própria do Isso ou do inconsciente, propõe Freud, quer dizer, a atração última e repetitiva dos protótipos inconscientes sobre o processo pulsional recalcado, ou seja, em ponto de fuga, o recalque primordial.

Mas o Id não é o Inconsciente. A noção de inconsciente, no sentido freudiano, enfatiza o organizado, sendo que a noção de Id enfatiza o orgânico onde situamos o gozo. A resistência do Id recai sobre o saber inconsciente e sobre o gozo inconsciente. Talvez seja isso que, segundo Lacan, esclareça a repetição como *tiquê*, como encontro falhado com o real, com o ser. Ao repetir, o inconsciente insiste e resiste e falha o real do gozo, o real da ligação ao objeto do qual o sujeito faz com que seu ser dependa. Nessa perspectiva, guardemos como Lacan apresenta essa complexidade das duas resistências: "Se a resistência tem sua incidência no sistema do ego, ela tem sua raiz na impotência do sujeito de realizar sua verdade na palavra." A resistência no ego traduz, transporta o limite que o sujeito encontra para realizar seu ser.

Sempre nessa perspectiva, certos silêncios com valor de parada são então uma interpretação ou, mais precisamente, o "estado atual de uma interpretação do sujeito". É a maneira pela qual, no próprio momento em que se cala o sujeito, condicionado pelo que enuncia e pelo que não diz ($), interpreta o ponto em que está de sua constituição. Pontuação que indica que o sujeito no discurso alcançou o ponto mais próximo do recalcado, onde seria o caso de um gozo. Indicação de uma importância extrema enquanto guia do manejo do tempo das sessões: perder-se em discussões adiantando-se à sustentação leva ao asco. O esquecimento, esse segundo silêncio, se faz interpretação com o reencontro de Signorelli, mas o primeiro e o terceiro silêncios não sofrem nenhuma interpretação. Trata-se aí de *construções*; primeiro uma *racionalização*, o que faz da consciência um sintoma,[9] depois uma *criação* retórica permitida pelo trabalho de análise.

Retomemos o terceiro silêncio como repetição para explicitar o seguinte: a atração repetitiva também se chama pulsão de morte, dando imagem ao caráter inexoravelmente repetitivo da pulsão e o limite do sentido sexual. A pulsão de morte nos diz Lacan, é a máscara da ordem simbólica enquanto é muda, quer dizer, enquanto não se realizou. Se não se realizou, é porque percutiu o real pulsional. A pulsão de morte é a máscara, ou o eco silencioso dessa percussão do simbólico e do real, ou seja, a máscara do traumatismo. De lá, que não foi, se elevará o grito, qualquer que seja sua forma: silêncio e poema, experiência interior e escrita, sofrimento e cura, de toda maneira silêncio e construção. Alguma coisa da ordem do oxímoro da mística onde o sujeito quase coincide com seu ser, quer dizer, uma posição perfeitamente contraditória e paradisiacamente assumida. É absurda e choca violentamente. Em fim de análise, Freud mesmo chega a esta antítese: o que envolve esse terceiro silêncio é um impossível de dizer de outra maneira que não por "Morte e sexualidade" (S1).

Continuando com a metáfora do tiro de arco, esse silêncio poderia ser dito assim: uma flecha voou imóvel e sem sentido, cuja própria formulação inclui o gozo e o abandona (objeto *a*). Será que essa flecha pode traçar um pouco mais a questão, não do silêncio do analista – que convida a uma fenomenologia tão refinada quanto enganosa, se não for tomado dentro da função do desejo do analista –, mas do silêncio no discurso psicanalítico?[10]

"Z"

Jacques Hassoun

Para Negma

Tempo ameaçado de ruptura, o silêncio é uma espera que negaceia com a morte. Fazer silêncio não é cercar-se de uma espessura onde a palavra se torna a expressão de uma raridade extrema, como uma joia cujo peso, brilho e forma a tornassem incomparável?

Hierática solenidade do silêncio.

As palavras que precedem essa margem temporal da suspensão abrem um caminho que penetra no corpo até nele se dissolver, até dissolvê-lo. Nada se segura, o próprio envelope que o bordeja está sempre ameaçado de partir-se, de romper-se de dentro para fora depois de ter sido, na primeira infância, perfurado, esburacado em toda sua superfície.

O único que resta é um sussurro siderante.

O ar que abre um caminho parece modular as palavras do impossível de dizer, à maneira de uma expiração. Alento rouco que retém o grito e o elude.

Ela não pode gritar. Proibiram-na de berrar seu horror ante a mãe suicida que se punha periodicamente frente a um espelho para abrir as veias do pulso, enquanto os filhos – ela o sabia – a olhavam pela portinhola do banheiro. Lugar do suplício, jardim das delícias, o olhar da menina encontrava o olhar da mãe num espelho indiscreto que permitia a uma e outra se encontrarem no próprio lugar de uma morte sempre presente, sempre contrariada.

O corpo da menina, bebê, tinha sido objeto do olhar. Corpo marcado pela doença que seu pai fotografava e projetava para os alunos. Corpo que nenhum olhar tocara de forma a lhe desenhar os contornos. Nenhum primeiro Outro havia assegurado com sua presença esse tempo no qual o infans faz a virada para em seguida poder traçar as letras da operação algébrica que fundam a diferença e sustentam *a assunção da imagem especular.* Aqui o Outro – tesouro dos significantes – é um depósito de imundícies internas (não era tão mais surpreendentemente baixa sua linguagem, aliás, quanto mais contrastava com sua classe social e nível cultural?). Outro clivado, rasgado, subtraído a esse primeiro Outro ameaçador e também ameaçado de desaparição. O Outro da estrutura estaria aqui como que separado desse primeiro Outro que lhe seria completamente estrangeiro.

Mergulhada na especularidade cênica da destruição, ela tinha trocado o sofrimento cuja sede era sua superfície corporal limitante – a pele – sob a forma de purulência, exsudação, erosão eritematosa, placas granulosas, por uma patologia respiratória de etimologia oscilante entre crise e angústia: a asma.[1]

Esse deslocamento lhe devolveu sua pele de bebê, mas a reviravolta do sofrimento do exterior para o interior focalizava todo seu *ser* em um impossível de esvaziar, de esburacar, de evacuar, absolutamente dramático. O único que sobrava era o sofrimento do masoquismo primário vergastando constantemente um narcisismo primário desfalecente.

Vários anos de análise permitiram a expressão do que havia a evacuar: um segredo que palavra alguma dava conta de exprimir. Mas havia o segredo. E a extraordinária densidade do silêncio que ocupava o tempo das sessões o testemunhava. Encenação de uma proibição de revelar que lhe havia sido infligida desde a mais tenra infância e na qual o olhar ocupava o primeiro lugar.

Ocupada, preocupada por um olhar sob o qual estava constantemente situada, seu jogo favorito, passados 25 anos, era se expor e se furtar aos olhares, suscitar olhares para em seguida, com um alçar de nariz, uma careta particularmente obscena ou horrível, um sorriso enigmático ou um frouxo de riso incongruente, fazer o outro desviar a cabeça e daí em diante ter de se confrontar com essas imagens contraditórias.

O olhar é também o que lhe permite descobrir na biblioteca do analista ou sobre sua mesa as últimas aquisições de obras teóricas. A partir daí ela institui o "jogo das compras", como diz. Tentar ser a mais rápida e adquirir o que ele ainda não tem e lhe mostrar "que ela ganhou". Da mesma forma, irá aos seminários de Lacan e notará as ausências de seu analista, ou melhor, "não vê-lo" assinalará essa ausência... e seu triunfo pessoal. Ademais, nada está vedado para ela. "Não imediatamente desvendado ao olhar", "escondido" eram palavras em falta, representavam um significante como ausente da série. "Ou está ou não está. E, se está, não deixará de ser visto." Durante anos ela só romperá o silêncio para falar do que ela vê/não vê.

Mas seu pedido de análise não tinha nada a ver com a asma, dizia ela. Desejava empreender uma análise porque sua existência era atravessada por histórias impossíveis, paixões violentas que se transmutavam bruscamente num sofrimento que ela não cessava de encenar. Onde não cessava também de encenar um apelo ao sofrimento de seu corpo. Fazer seu corpo viver, provar um prazer qualquer passava, não podia deixar de passar, pelo sofrimento experimentado, imposto também a seu parceiro, que fugia horrorizado diante de tais transbordamentos. O silêncio fazia seu nó no lugar onde aflorava essa necessidade de sentir a dor na própria superfície de seu corpo, enquanto que a pele carregava as marcas dos golpes, chicotadas, queimaduras. Mas seu verdadeiro gozo era olhar os olhos de seus parceiros, desestabilizados pelo sofrimento, incrédulos... até chegarem a um sentimento de dejeção de si próprios. Pelo menos, é assim que ela os imaginava: no horror de suas pessoas. Horror que se mudava em terror quando uma crise de asma vinha coroar esses encontros.

Jamais tendo podido acordar neles o sadismo, jamais tendo podido ou querido encontrar aquele que levasse em conta seu apelo, ela só podia lhes pedir o dom de seu horror e sua fuga ferida diante da *criança que nela pedia castigo.*

Levou anos para poder falar desse aspecto de sua vida. Mais tarde pôde articular que esses tempos de silêncio eram instantes deliciosos para ela, nos quais imaginava o analista perturbado diante de um corpo sem voz e sem palavra, nada mais que corpo oferecido sobre o divã. Corpo oferecido e que às vezes se agitava, se deslocava para tentar o duro trabalho de expiração impossível. Então, lentamente, ela se sentava, e o analista não ouvia mais que sua respiração, nada mais que o ar tentando penosamente abrir um caminho.

Ela triunfava então, pois havia exposto a miséria de seu corpo sofredor ao *olhar* do analista. O desvendamento se deu em torno de um som. De um significante onde o "Z" (que se lê) de eczema juntava ao "Z" que se escuta de asma.

"Z"!? Mas é também o slogan que os democratas gregos gritavam no enterro do deputado salônico Lambrakis. "Z"! Que ele viva!

Ela poderia viver?

E se esse atentado contra a pele, e se essa asma nada mais fosse que o desvio pelo qual a vida abria um caminho no silêncio pesado de sua história e que hoje se rompera por uma construção significante: "Z"!

Daí para a frente pôde falar, para retomar, passo a passo, a história de uma infância inteira colocada sob o signo da dissimulação. Dissimulação que regia o mundo dos adultos, cujo segredo mais ou menos sórdido somente as crianças compartilhavam. Pois se *segredo* era um significante familiar (segredo quanto às origens, segredo dos adultérios...), as crianças ficavam do lado do desvendamento do que teria podido (ou devido) ficar apenas como não sabido. Nesse momento vai desprender-se pouco a pouco a noção de masoquismo como expressão de uma constante sexualização da constelação edipiana. Nem uma nem outra personagem parental podia destacar-se da sexualidade que não cessavam de exprimir. Tudo a reconduzia a esta constatação: a energia que ela empregava em viver, que empregava também em ter sucesso brilhante nos estudos resolvia-se no puro sexual.

O erógeno sem saída possível, pois – é minha hipótese – ia perder-se no sexual parental.

Assim também, essa escolar estudiosa, estudante que acumulava diplomas entraria *cedo demais* no silêncio do chamado tempo de latência. Mas de maneira muito particular: de maneira a manter intacta a sexualidade parental, quer dizer, na impossibilidade de construir o mito edipiano de outra forma que não ao modo de uma cena originária infinitamente repetida.

Daí a importância de um olhar que não cessaria de procurar desvendar um impossível do qual ela não pode se desgrudar. "Seus pais" estão lá, no próprio lugar de seu corpo danificado que atualizaria a sexualidade deles.

Ser o objeto do desejo desse primeiro Outro, colocar a questão de sê-lo, recai constantemente em fazer do objeto um ser em quem ela se alienaria e que, a esse título, estaria no centro de uma paixão indefinidamente renovada. Ser o objeto desse desejo sob a forma de um bebê purulento, objeto apropriado para relançar a pulsão escópica, objeto ao qual mais tarde só se pede o silêncio, esse era seu destino. Tomar-se por objeto de sua agressividade postula que esse objeto pode não estar perdido, já que constantemente recolocado em cena no excesso pulsional. Não é também uma maneira de render homenagem ao *perverso desconhecido*, aquele que ela não pode encontrar?

Mas que excesso pulsional é esse que a fazia guardar silêncio tão longamente? Para entendê-lo, reportemo-nos ao que diz Freud quanto à "desunião das pulsões que acompanham a introjeção parental, seguida de dessexualização da relação com esses objetos", tempo necessário do declínio do Édipo. Tempo também da constituição do superego.

Ora, opondo *superego* e *masoquismo*, Freud volta a essa questão da desimbricação pulsional afirmando que "o masoquismo moral é a clássica testemunha da união pulsional, mas que... tem sua origem na pulsão de morte".

Uma hipótese de trabalho poderia ser sugerida: na história aqui esboçada podemos supor que ainda que tenha havido ancoragem da pulsão de morte no Ego – e como poderia ser de outra forma? –, a imbricação com a pulsão de vida ficou como que suspensa. Que esta imbricação esteve sempre suscetível de se desfazer. Isto explicaria esta vida "sem-morte", que o par prazer/desprazer não viria temperar e cujo *fundamento seria a pulsão de morte.* Vida e morte separadas levariam a supor que aqui não se trata de masoquismo propriamente dito, mas que, ao tempo da *assunção da imagem especular*, tempo de inscrição da pulsão de morte no ego, o objeto não especularizável teria tomado a consistência do ser.

Não teria havido depressão consecutiva à aparição do objeto perdido, mas uma retenção desse objeto no ego enquanto esse se definiria como uma *entidade correspondente à projeção de uma superfície.*

Por aí entraria o papel do olhar nesta busca do não especularizável do objeto e do não representável da cena originária, estreitamente imbricados.

Por aí entraria também esse atentado da superfície corporal e depois do corpo interno. A imagem narcísica situando-se bem aquém do ódio e do amor, mas sendo tomada como o próprio objeto do sofrimento. Outra hipótese viria dar conta, parcialmente, da afecção asmática. O que representaria essa doença da hiperventilação senão um excesso de vida "fora-da-vida", uma vida que, ao se situar fora do par prazer/desprazer, brincaria de esconde-esconde com a morte e com o ritmo ausência/presença, inspiração/expiração, acontecimento/retorno, silêncio/palavra, enfim?

Mas será que se pode verdadeiramente falar de desimbricação pulsional que não aquela contemporânea à introdução no ego dessa "severidade" que se escreve *superego*? Talvez, se admitirmos ainda uma vez que naquilo que se apresenta como uma luta pela sobrevivência, uma luta para pular a morte, existe o sexual, mas unicamente considerado como excesso. O próprio corpo tomado como objeto *a* estaria também como que envolto por esse elemento.

Isso não para nunca de produzir excesso, está obrigado a produzir excesso, e a atividade pulsional seria convocada somente para esse efeito, para tentar entrelaçar as pulsões de vida com a pulsão de morte. O fracasso dessa possibilidade de imbricação deixou-a sem voz, abandona-a no sofrimento buscado com a finalidade de representar sobre o corpo o simulacro do desenlace do princípio de prazer. "Sem-prazer." No mais próximo do impossível do gozo.

Teria havido aqui uma neutralização do narcisismo primário e daquilo que seria seu desenlace lógico e que se situa em seu princípio: o luto da criança maravilhosa. O único que teria havido seria que a criança maravilhosa foi colocada em estado de espera, como se diz de uma carta que não foi resgatada.* Nesse caminho proibido para o amor, parece só existir o excesso pelo qual ela pode manter um laço com a

* *Souftrance*, a palavra usada no texto permite ao autor alusões a sofrimento e resignação que se perdem na tradução para o português. (N.T.)

pulsão de morte, no próprio lugar onde se inscreve o princípio de prazer: no ponto de cruzamento entre pulsão de morte e pulsão de vida.

Em torno desta letra, "Z", testemunha de seu sofrimento, testemunha do que pode ser vivido, ela sai do labirinto passo a passo. Subjetivar esse sofrimento devia pouco a pouco permitir-lhe reatar com a história familiar que permanecera fora do dizer, reatar também um pouco com alguns dos significantes paternos.

Sua respiração regularizou-se. Pouco a pouco abandonou suas toxicomanias medicamentosas em seguida a um longo e doloroso desmame. Uns após outros, alguns sintomas cederam. Tinham cumprido seu tempo.

Ela foi introduzida no tempo.

Na cena.

Não poderíamos ir mais longe sem trair um segredo na relação dessa análise que, no fim das contas, testemunha que o silêncio assinala a proeminência do pulsional e a *desunião* das pulsões. Pois o silêncio é uma suspensão. A espera da parúsia que seria uma palavra vinda do *ser* amado. O silêncio é a espera. O adiado. O ponto em que a traição viria em lugar e vez da resolução das tensões. Como se estas estivessem em risco de se esgotar. Como se essas, uma vez resolvidas, corressem o risco de se esgotar de uma só vez. De esvaziar o ser.

O silêncio é a modulação entre dois "eu te amo" impossíveis porque sempre derrisórios na incompletude dos termos que os enunciam.

O silêncio é um olhar que contempla o amado, como quem no deserto, por medo de se extraviar, contempla a estrela polar até o extravio. O silêncio segue ao inoportuno de um "és bela", de um "te amo" que provocam um verdadeiro massacre.

O silêncio é uma fidelidade infinita a Outro não-barrado.

O silêncio é um tempo infinitamente longo entre dois versículos, duas declarações.

Aprender a romper o silêncio. Falar. Já é viver. É testemunhar que estamos presos na tessitura das pulsões. E não mais no impossível de uma linha bipolar vida/morte onde o apaixonado não cessa de se esgotar.

Uma afonia eloquente[1]

Antoine Franzini

> "Sonho que há uma criança que é minha filha. Fora escondida de meus familiares até então e me sinto culpada por isso (silêncio muito longo)... Ah! a criança tinha um nome, chamava-se Fredegunda."

Utilizaremos o relato desse sonho como abertura de uma sequência de tratamento. Produzida no quarto ano do tratamento, faz um nítido corte com o que acontecera até ali.

Sessão após sessão mantém-se um silêncio pesado, inamovível, difícil de classificar, a não ser talvez por uma aproximação negativa. Não se trata nem de um silêncio carregado da presença do outro, nem de um silêncio à beira da ação; não se trata de nenhuma retenção, nenhum mal-estar, e aproxima-se mais de uma posição vegetativa, vegetal mesmo, do tratamento. Se há mal-estar na sessão ele aparece mais como uma consequência desse silêncio, tanto para a analisanda quanto para mim mesmo, que fico sujeito a irritações, esmorecimentos, ao sentimento de estar reduzido a intervenções inadequadas. Por seu lado, a paciente pontuava o silêncio pelo enunciado impessoal de fatos do cotidiano e de alguns pesadelos em que se ilustravam a desolação e a hostilidade feroz e anônima do mundo.

Sob tais condições, o relato desse sonho aparecia como um borrão de tinta sobre um fundo acinzentado. Prestando-se muito pouco a associações: na minha lembrança era o primeiro no tratamento provido de um centro enigmático – o prenome. Essa impressão de contraste reforçava-se violentamente pelo fato de que, na época do relato do sonho, a paciente se pôs a falar sem dificuldade, implicada no que dizia. Durante as três sessões seguintes ela evoca numerosas lembranças e o desatamento de seu discurso me libera da dificuldade de permanecer presente na escuta. Eis que na quarta sessão a paciente chega quase totalmente afônica.

As condições do aparecimento dessa afonia permitem imaginar numerosas entradas de sentido. Em todo caso, o que me parece importante então é que essa afonia leva a paciente a se lembrar da história de uma primeira afonia que se declarou pouco antes do início do tratamento. As condições eram muito definidas. A paciente fora ao clínico geral que prometera lhe passar endereços de psicanalistas. Dito de outro modo, essa afonia aparecera antes de qualquer sinal dirigido a qualquer dos analistas indicados.

Na sessão seguinte, sempre afônica, a paciente chora pela primeira vez. E aí, também, os pensamentos que pareceriam estar na origem desse choro podem fornecer novas entradas de sentido, em particular quanto à questão da maternidade, tão central no sonho. Mas se me dou conta desse acontecimento é por ter ficado impressionado pelo fato de que ela escondia a boca com a mão, chorando silenciosamente.

Alguns dias mais tarde, eu sonho. Que me lembre, é o primeiro sonho que envolve essa paciente. Trata-se da imagem de seu busto e de sua fisionomia, os seios cobertos por um véu bastante transparente.

Aqui termino essa sequência de tratamento tal como a construí hoje. Escolhi relatá-la porque continuo atônito com a mudança[2] muito radical que se operou na palavra da paciente em torno desse momento privilegiado.

★

★ ★

Diante dessa mudança brutal, advento de uma palavra na qual se poderia dizer que o inconsciente se manifesta, pode-se falar de aparição de uma enunciação?

Antes de prosseguir, introduzimos alguns apoios teóricos em nossa elaboração. O silêncio frequentemente aparece como uma posição de recolhimento, retraimento, refúgio ou resistência.[3] Um artigo da revista *Topique*[4] nos oferece, por exemplo, várias formulações dessa concepção do silêncio:

- zona de não conflito que permite fazer face à angústia;
- investimento de um espaço de pensamento, de segredo;
- proteção de um espaço de pensamento vivido como espaço corporal.

Na aula de 12 de abril de 1967,[5] durante o seminário que mantinha sobre a lógica da fantasia, Lacan avança algumas observações sobre o silêncio. Elas se situam num contexto de elaboração da fórmula: "Não existe ato sexual."

Como essa fórmula se cruza com a questão do silêncio? Vamos ver que Lacan faz do ato sexual um representante do silêncio. Vamos segui-lo aqui em seu próprio desenvolvimento. Ele retoma a distinção entre *tacere* e *silere*[6] e vai se apoiar na definição do sujeito em sua relação com a linguagem. Existe, portanto o calar-se e existe o silêncio. Calar-se é atributo do sujeito, o mesmo título que a função da palavra. Mais ainda, nesse ato de calar-se culmina a essência do sujeito: "Quando a demanda se cala, a pulsão começa", diz ele ao comentar o algoritmo $\$ \lozenge D$ no gráfico. Mas se o sujeito é um efeito (ou um fato) da linguagem, o ato de calar-se nem por isso o libera.[7]

Antes de evocar o *silere*, após o *tacere*, Lacan nota a dificuldade da distinção entre um e outro. Fronteira obscura, diz ele, enigma do *tacere*, enigma da presença do mundo animal onde por muito tempo alojamos os deuses. Enigmas cujos efeitos desapareceram pouco a pouco – devido à aparição da ciência – deixando como resíduo contemporâneo apenas a fobia (de animais).

Hoje "o silêncio eterno guarda apenas metade de seu pavor", pois a ciência expulsa o sujeito da linguagem. Ela cria suas fórmulas com uma linguagem esvaziada de sujeito e, acrescenta Lacan, essa rejeição do sujeito para fora do simbólico e sua reaparição no real têm um efeito na história da ciência. Esse efeito é a nova linguística.

Mas se considerarmos o momento em que a linguagem está "sem arrimo" do sujeito, dir-se-á que a linguagem fala? Sim, diz Lacan, a linguagem pura fala, fala uma frase cujo problema é sempre o de saber quem a diz. Esse momento é o inconsciente. Um silêncio faz parceria com essa palavra da linguagem, com esse momento em que a linguagem fala. Esse silêncio é o ato sexual. O silêncio na "palavra da linguagem" é o ato sexual.

Ora, de que fala a linguagem quando está assim sem o arrimo do sujeito? Fala do sexo e não fala do sexo, mas, se fala do sexo, o sexo diz a verdade? É possível falar para não dizer nada, ou dizer coisas sem falar, mas não é o caso do inconsciente, diz Lacan. A verdade fala. Ela não tem necessidade de dizer a verdade. Este curto desenvolvimento pode resumir-se numa das fórmulas que Lacan emprega nessa aula de 12 de abril de 1967: "A linguagem fala do sexo, com uma palavra tenaz, obstinada a forçar o silêncio, cujo representante *aqui* é o ato sexual."

★

★ ★

Assim, em nossa sequência, a produção do sonho parece vir forçar o silêncio do tratamento. A paciente fala de maneira contemporânea a essas produções (presença de um centro do sonho – o prenome da criança – esquecido no primeiro jato do relato do sonho), a essa "palavra da linguagem". A afonia como sintoma parece redobrar o forçamento efetuado pelo sonho. Agora parece que se recorta um espaço, uma cena onde se produzem outras formações, outras produções, as lágrimas da paciente, meu olhar sobre a mão diante da boca, o olhar que se deduz desse movimento, o sonho que eu produzo nessa sequência. Aparecem essas formações, diferentes daquelas evocadas no início do parágrafo. Elas não participam da mesma maneira da ordem significante. Atuações, encenações da fantasia, elas não parecem entrar no quadro do que se convencionou chamar de formações do inconsciente. Devemos falar aqui, com J.-D. Nasio, de formações do objeto *a*?

Não obstante, essas encenações dependem da dimensão significante. A presença de um véu cobrindo a nudez no sonho é o que testemunha para nós essa dimensão. Retomaremos em seguida essa questão do véu na sequência, mas digamos antes que a dimensão significante torna fálico, erotiza o espaço que ela determina. Lembremos que a erotização é a condição de qualquer tratamento. "A cura se produz por uma recidiva amorosa, escreve Freud[8] a propósito do herói da *Gradiva* de Jensen, todo tratamento é uma tentativa de liberar o amor recalcado que encontrou num sintoma, pobre saída, um compromisso." A paciente se põe a falar nesse tratamento ao mesmo tempo em que aparece esse espaço erotizado. Mas convém entendermo-nos quanto a essa afirmação.

Em primeiro lugar, essa erotização está ativa em nível inconsciente. Suas manifestações podem ser diversas, sem o conteúdo emotivo colado a essa noção. Por outro lado, a erotização não é um fenômeno que implique um ou outro dos protagonistas. Ela lhes escapa para levar uma vida própria e ocupar o espaço do tratamento, que se define como outra cena. Se a erotização é a condição de todo tratamento, evidentemente ela não é sua finalidade. "Aqui começam as diferenças, escreve Freud nas páginas citadas acima: Gradiva pode responder ao amor...; o médico não pode... o médico era um estranho, deve visar a voltar a sê-lo."

Introduzamos agora uma questão suscitada pela sequência. Por que a afonia inicial (cronologicamente falando), a que apareceu logo antes do início do tratamento, por que essa afonia ou por que o acontecimento inconsciente do qual ela é a manifestação não tiveram esse efeito de pôr a palavra em funcionamento? A resposta pode ser enganosa.

De fato, a quem se endereça esse sintoma? Não se trata de um analista impessoal, de um analista reduzido a uma voz portadora da dupla injunção imperativa: *che voi*? e "fala!"? A afonia seria a resposta a essa injunção, depois o silêncio se instala quando o tratamento deslancha. O espaço do tratamento, ou seja, o espaço recortado por este primeiro acontecimento suposto, esse espaço desolado está reduzido à produção do silêncio.

Isso nos conduz com toda lógica a uma hipótese: com o estabelecimento do tratamento, e em particular de um analista "personalizado", novas condições se introduziram e permitiram passar de um espaço desolado a um espaço erotizado. Digamos de outra forma. Seria o estabelecimento de um pequeno outro (analista, ou antes, personagem lateral, familiar à paciente) que representaria a condição da passagem da ordem simbólica, do que insiste em ser, ao inconsciente realizado. Retomaríamos aqui uma tese de Lacan[9] segundo a qual o ego é a condição dessa passagem. Num tal tratamento seria o caso de criar em todas as suas peças a resistência, da qual o ego do analista é a imagem mais habitual.

Deixemos de lado por um instante essa hipótese e voltemos à questão do véu. Na sequência que nos ocupa, o sonho produzido durante o tratamento, sonhado por mim, revelou-me a função que poderia ter vindo ocupar. O véu ocupa clara e plenamente sua dupla função de velar e desvelar, função dupla tal como esclarece, por exemplo, a proposição de Lacan segundo a qual recalque e retorno do recalcado são uma mesma coisa. Na sequência, a função do velamento aparece como salutar, no sentido de que introduz a função fálica como condição de funcionamento da palavra. *A afonia vem assinalar a possibilidade de um véu sobre o silêncio.* A função do véu, função de barra, de falicização do objeto, aparece como condição para o surgimento da palavra (ou do ato de se calar). Posto sobre esse espaço desolado, silencioso, de que falamos acima, o véu introduz falicização e erotização. Tentemos estabelecer a hipótese de que esse espaço, reduzido à produção do silêncio, está ocupado pelo objeto-voz, coração do silêncio.

Uma formulação como essa merece maior precisão. Lembremos primeiro que a presença do objeto é presença de uma ausência. Por exemplo, o silêncio do analista[10] lembra no tratamento a presença do objeto-voz (da mesma maneira que o divã lembra a presença do objeto-olhar). E, se no fim do tratamento o lugar do analista se reduz a uma voz, isto se dá na medida em que se perde essa voz.

Mas o estatuto desse objeto se situa principalmente em sua relação com a falicização, com a imbricação das pulsões. Como nomear a operação que recortaria no tratamento um espaço ocupado pelo objeto, objeto cujas manifestações levariam a pensar que ele escapa à imbricação pulsional? Pode-se falar de um objeto que se situaria fora do campo da falicização? No entanto essa sequência nos força a esse tipo de hipótese, levando-nos a pensar os acontecimentos em termos de tessitura pulsional, de imbricação das pulsões, o silêncio representando aqui um momento de desimbricação.

Ao final desta curta elaboração, nossas questões ficam sem resposta. Sem dúvida parece que devemos essa mudança especular nas condições do tratamento à assunção da dimensão significante, aqui representada pela dimensão do véu. Essa assunção bem parece permitir o entrelaçamento de diferentes circuitos pulsionais. E esse entrelaçamento, essa imbricação parece transformar a percepção do mundo para a paciente.

Mas as condições dessa assunção e do entrelaçamento pulsional correlativo permanecem misteriosas. Quais são as condições de tal "funcionamento" do Outro? A continuidade, a regularidade, o quadro do tratamento são elementos suficientes para dar conta desse acionamento que permitiu em particular o estabelecimento de uma ligação afetiva e sensual com um companheiro? Será o desenlace absolutamente despercebido de lutos passados, elaborados sem que ninguém o perceba, ao longo das sessões? Será a modificação operada no lugar do analista por algum movimento interior do dito analista? A dinâmica dessa sequência permanecerá misteriosa, acredito. A elaboração, em troca, parece-me trazer um pouco de luz do lado do silêncio, no que concerne a minha prática.

Não prosseguiremos no trabalho de elaboração a partir dessa sequência de tratamento. Poderíamos em particular efetuar um caminho paralelo a propósito do olhar nesse tratamento. Reportar-nos-íamos então à passagem dos pesadelos onde homens encapuzados de olhar cego e hostil evoluem para manifestações (por aí o meu sonho) onde o olhar já não se faz persecutório.

Gostaria de concluir este trabalho com uma questão colocada pelo rápido epílogo da sequência. O funcionamento da palavra logo se conjugou a um sintoma que punha em perigo a vida da paciente. Quando – de uma hora para outra – o sintoma desapareceu alguns meses mais tarde, o silêncio reapareceu em seguida.

Que o surgimento do desejo no tratamento seja contemporâneo dos momentos mais arrasadores – aqui sob a forma de uma lesão de órgão –, marcaria um limite à nossa prática?

Debate[*]

Jean-Richard Freymann, Jacques Felician,
J.-D. Nasio, Christian Oddoux

J.R. Freymann – Para começar a discussão, retomemos algumas coordenadas que pudemos destacar, nós que permanecemos "silenciosos". Constatamos que nas duas exposições interrogou se essencialmente o silêncio do analisando; mais do que *o* silêncio, por que não interrogar *os* silêncios na análise? Assiste-se a certa oscilação entre:

- o silêncio como inibição (principalmente no início do tratamento),
- o silêncio como sintoma (e mesmo como formação de um sintoma no decorrer de um tratamento),
- e o silêncio no final da análise como interrogação do tempo, do momento de suspensão do tratamento. Assistir-se-ia então a uma reviravolta: o silêncio não seria mais simplesmente interrogado como resistência, mas como momento de simbolização.

Outro aspecto é a expressão "o silêncio como resistência", que, embora classicamente freudiana, abre para outra questão:

* Neste debate, como nos que se seguem no presente volume, só se reproduz uma parte das intervenções.

Por que falar unicamente de resistência e não de *censura*, no sentido de que a lei é integrada enquanto não compreendida? Mas de que lei se trata? Não deixa de ser verdade que, se há uma especificidade do silêncio no tratamento, ela deve ser interrogada em torno da regra fundamental, regra que vem instaurar a possibilidade do silêncio enquanto tentativa sempre abortada de sua transgressão.

J. Felician – Eu gostaria de propor aqui algumas hipóteses a respeito de um tipo de silêncio, a partir da observação de um tratamento de paciente que eu situaria na vertente psicótica.

Provavelmente não força demais a experiência avançar que o mundo do psicótico é o mundo do silêncio, o silêncio das enunciações primeiras onde o Outro está em falta, um silêncio que na análise é o de uma enunciação impossível, onde se constata a imobilidade dessas estruturas.

Que o silêncio seja relativo a um obstáculo à enunciação, isto não se deve ao meio, quer se trate de um meio recalcador ou de um meio foraclusivo, para retomar aqui as expressões de J.-D. Nasio. Mais do que qualquer outro, no entanto, o meio foraclusivo impõe a referência ao que se poderia chamar de campo clínico do Nome do Pai para determinar a natureza do obstáculo e às vezes levantá-lo.

Recordemos em primeiro lugar que em todo tratamento analítico há momentos privilegiados que podem ser definidos pela conjugação dos seguintes traços:

- o nascimento de significantes originais, inéditos;
- traços ligados direta ou indiretamente a elementos que se reportam à posição do sujeito, tendo em vista seu sexo ou seu lugar na linhagem;

- e cujo efeito posterior é a modificação de sua posição na transferência.

Esses significantes, que se pode chamar de significantes que ocupam o lugar do Nome do Pai, caracterizam a enunciação: seu modo de ação é metafórico. Enunciação que é tanto do analisando quanto do analista a quem ocorre uma interpretação.

Se é fácil reparar esses significantes num meio recalcador, o da neurose, o caso muda de figura num meio foraclusivo, o da psicose. No entanto, esses dois meios podem coexistir sucessivamente no mesmo sujeito, e este ou aquele paciente pode estar psicótico apenas em certos momentos, determinados pela atualização dos pontos nevrálgicos da transferência, no melhor dos casos... ou pela surdez do analista.

Provavelmente é no campo da psicose que a análise tem suas melhores chances com tais pacientes, quando eles podem reelaborar o sistema de equilíbrio estabelecido, ao preço do ressurgimento temporário da experiência psicótica.

Tenho aqui o caso de uma paciente particularmente silenciosa. Sua análise tomou um novo rumo quando me opus a sua interrupção, o que a levou à seguinte fantasia: "Eu teria um nome falso que dissimulava um nome secreto para me pôr ao abrigo dos 'aborrecimentos', nome secreto que seria meu verdadeiro nome, o de minha mãe." Partindo daí ela evoca, além de seu amor exclusivo pela mãe, o patronímico dessa última e o significado desse patronímico: calar-se.

Na sequência dessa sessão aparecem silvos no ouvido análogos aos de um episódio alucinatório da infância, o medo de que o mundo desmorone e a impressão de um "buraco" naquilo que a cerca.

Nas sessões seguintes ressurgem lembranças de brincadeiras de anagrama em torno de seu patronímico, brincadeiras de criança que evocavam as origens da linhagem paterna. Surgem enfim sonhos de desejos, acompanhados também de silvos nos ouvidos.

Esta breve observação torna sensível a originalidade dos meios acionados para suprir uma foraclusão localizada e sua incidência na reorganização de um mundo. O estabelecimento do nome da mãe vem aqui, bem ou mal, tamponar o buraco aberto no sistema significante. É um nome com cujo significado a paciente está identificada por seu silêncio. É um nome secreto, do segredo de um amor proibido. É enfim um nome impronunciável, característica que por extensão se estendia a todo nome próprio e ao discurso em si mesmo.

O preço a pagar não está somente na medida da angústia em afrontar um não-dito, e sabemos que a angústia psicótica não tem equivalente na neurose; está também na medida do questionamento do gozo psicótico, lugar erotizado frágil e secreto ao mesmo tempo, mas essencial à manutenção de certa coerência. Esse gozo do Outro, cuja função de reorganização imaginária se evidencia no testemunho de Schreber, nós o reencontramos na história dessa paciente, naquilo que nela se liga ao silêncio. É o silêncio do Outro em resposta ao sofrimento e ao apelo da criança. Mas esse silêncio nem sempre é de indiferença, e as lembranças que o evocam tomam um acento trágico quando revelam que o Outro goza com essa desgraça. Acontece também de a criança decidir calar-se, decisão que se pode chamar de desesperada em face de uma constatação de ausência, mas para a qual haja talvez outra razão: preservar o gozo desconhecido que a habita (conforme a alucinação do dedo cortado do homem dos lobos).

Na análise, esse mesmo gozo vai se revelar ligado ao fenômeno alucinatório, e quando esse último pode ser elaborado, por exemplo, num sonho que tenta sua simbolização, pode-se esperar que aconteça o desmoronamento de uma das últimas fortalezas do silêncio.

J.-D. Nasio – Gostaria de retomar vários pontos abordados. Gostei muito dessa imagem do arco em tensão prestes a lançar a flecha, evocada por M.-Cl. Thomas, que tão bem ilustra o relato de A. Franzini quando lembra que o paciente se cala no próprio momento em que, como sujeito, ele culmina em seu ser. Sim, ele culmina em seu ser, sob a condição de compreender que esse momento em que as palavras se interrompem é diferente do silêncio de uma pausa. Há diferentes maneiras de interromper a palavra, diferentes modos de calar-se. O calar de que falo corresponde exatamente ao tempo de preparo e de tensão do arco. Nesse momento em que a espera tensa domina, o sujeito se recompõe e culmina em seu ser, mais do que se proferisse uma palavra. Há de ser num silêncio tenso, mais do que na emissão de um dito. Esse silêncio é um lugar de espera e de paciência, um lugar que não se opõe à palavra, mas onde a palavra germina e onde os ruídos pulsionais se ordenam numa voz muda que talvez se torne sonora. Lembremos dos poetas que estão sempre tão próximos do silêncio. Para René Char, "o silêncio é o estojo da verdade"; formularíamos, parafraseando: o silêncio é o lugar onde a palavra se prepara para ser dita a seu tempo, ao tempo da verdade. E, ao inverso: uma vez enunciada a verdade, teremos a certeza de que ela se engrandece no silêncio.

A segunda observação se relaciona com o que J. Felician acaba de propor quanto à diferença entre foraclusivo e recalcador. Haverá um silêncio próprio ao recalque e outro distinto, próprio à foraclusão? Minha hipótese é a seguinte: ao passo que o silêncio do recalque implica que alguma coisa já existente, já ali, tenha sido recalcada, o da foraclusão ao contrário, exprime a abolição do que devia vir à luz, mas não veio. Essa distinção aproxima-se da que Lacan retoma dos antigos entre o silêncio do *taceo* e o silêncio do *síleo*. *Taceo* significa calar-se, calar em si alguma coisa de existente; enquanto que *síleo* significa a ausência de alguma coisa jamais acontecida. À diferença do silêncio ativo do recalque correspondente ao *taceo*, o da abolição foraclusiva recairia sobre o *síleo*.

C. Oddoux – Acho de fato muito interessante a técnica do arco. E, para continuar no sentido que J.-D. Nasio avança, eu acrescentaria que na técnica do arco existe um momento muito particular que se relaciona com o desaparecimento do objeto: o momento do silêncio do arqueiro prestes a atirar. O inverso desse momento, como bem se sabe, consiste em considerar que aquilo a que se visa não é o alvo, mas o que, segundo os japoneses, se manteria sempre por trás do alvo. Existe aí como que certo espaço, certa tópica entre o atirador e o silêncio que ele aciona quando não visa; um espaço muito particular, limitado pelo silêncio do arqueiro e o silêncio além do alvo.

III. O Silêncio entre o Ato e a Palavra

A ruptura do silêncio

Sylvie le Poulichet

> Dedo em riste, ele riscou um traço rápido sobre o vidro embaçado, não sem que visse aparecer e flutuar diante de si um olho feminino. Quase soltou um grito de susto. Mas era apenas um sonho dentro de seu sonho; recompondo se, o viajante constatou que, refletida no espelho, estava a imagem da jovem assentada do outro lado.
>
> Y. KAWABATA, *País de neve*

Os analistas falam pouco de seu silêncio, ainda que ele constitua provavelmente o ato mais comum de sua prática. Teria por isso adquirido as características de uma banalidade e mesmo de um simples método ou convenção? Isso só poderia acontecer pela invalidação da negatividade essencial em que o processo analítico se sustenta. Pois, se o silêncio se faz evidência, em nossa opinião não é mais o silêncio analítico.

Precisamente o silêncio do analista ajusta-se ao eco de seu próprio lugar e, para aparecer na negatividade do *ato analítico*, ele não pode se reduzir ao calar da pessoa do analista. Esse lugar, que Lacan designa como o do morto,[1] só toma de fato sua consistência por fazer surgir outros lugares, cuja natureza não determinaremos, e também algumas fantasias. O lugar do analista, como seu silêncio, possui a qualidade de uma sombra que ao se delinear desperta e revela certos atos psíquicos, assim como a perspectiva de uma *incógnita*. Na sombra desenrolada pelo silêncio do analista nascem novas formações capazes de renovar os dizeres.

Entretanto, as formações despertadas por esse silêncio não são todas equivalentes, talvez não sejam todas iguais quanto a cumprir tal renovação. Tentaremos distinguir algumas figuras e refletir sobre as condições do aparecimento de um silêncio que conservaria as qualidades de um *ato analítico*.

1. Lugares revelados pelo silêncio do analista

Se enfocarmos a posição do analista a partir da função de seu silêncio, perceberemos pelo menos dois lugares que se recortam em negativo ao do analista: primeiramente o do Outro, quando o analisando tenta responder ao enigma do desejo desse Outro, e o analista não se toma por destinatário direto de uma mensagem.

O silêncio do analista cava o leito do Outro, convidando o analisando a produzir as respostas que ele propõe à suposta mensagem de Outro.[2] Dessa maneira, o analisando pode desenrolar o texto e as ações pelas quais se suspende e se aliena no desejo suposto do Outro que ele modelou.

O silêncio do analista encontra aqui sua pertinência por seu próprio poder de relançar outra vez o desejo e os significantes do analisando, sem jamais fixar qualquer significação. E toda sedimentação de significação daria evidentemente a esse Outro uma inoportuna consistência imaginária, interrompendo simultaneamente os novos percursos do desejo na língua. Pois evidentemente, quando solicita o aparecimento de atos psíquicos (dizeres, sonhos, lapsos...) que engendram novas cadeias de representação, o analista deseja. Se ele convida seu aparecimento no analisando é por se prestar ele próprio ao mesmo, renovando constantemente as qualidades de seu silêncio pela mobilidade de suas associações mudas.

Contra toda postura ou decisão voluntarista, o silêncio do analista se produz igualmente *em ato*: à medida que seu silêncio abre lugar ao Outro,[3] o analista se encontra incessantemente deslocado em seu próprio silêncio, ou, diremos ainda, que ele encontra um novo silêncio ao ser desalojado do precedente, uma vez que escuta sem fixar uma significação e mantém a perspectiva da equivocidade dos significantes.

Ao ponto de fuga que perpassa pelo silêncio do analista, corresponde no analisando o advento de dizeres novos. Da mesma forma, ao não-saber que repousa no âmago do silêncio do analista, prende-se a verdade pontual do analisando. Outro lugar indicado pelo silêncio do analista: o do real como incognoscível irredutível.[4]

O real como *incógnita* ou como falta de representações causa por si mesmo o desdobramento das imagens e dos símbolos. O analista evidentemente está excluído desse real opaco, e seu silêncio aparece entre outros como um eco longínquo desse real. Apresenta-se como um limite e como um véu diante do real: designa essa falta irredutível pelo limite que testemunha e, no entanto, vela-a com seu tecido. Também o analista não dispõe verdadeiramente de seu silêncio, pois se bem que este último aja como um véu que o analista ajusta para solicitar os dizeres do analisando, ele está, no entanto igualmente escavado e atravessado por um real irredutível. E quando o silêncio do analista se rompe subitamente pela espessura de sua voz – destacada de repente como um objeto que fratura o véu do silêncio –, ele fica revelado pelo avesso: esse silêncio é uma matéria que só aparece verdadeiramente quando rompida, perfurada. Os ruídos do corpo e os destacamentos inesperados da voz figuram perfurações reais que dão ao silêncio seu justo lugar.

A partir do ponto de fuga indicado pelo silêncio, o corpo é convidado a se compor na língua e nas imagens. E quando o analisando fala, ele de certa maneira perde o corpo para atar as representações ao desejo; o corpo em sua dimensão de real alucinatório se vê cortado pelos ditos que relegam ao inacessível os objetos que os causam. Atualizando essas perdas sucessivas, o corpo pulsional assim se elabora no Outro. E o silêncio aparece como o véu necessário para que os objetos pulsionais se ausentem do corpo ou se destaquem. Pois se o analista provoca a vinda de significantes que tentam responder ao enigma do desejo do Outro, ele simultaneamente convida a novos recortes do corpo pulsional. Essas duas dimensões se articulam para dar lugar à metáfora do corpo na palavra. O silêncio do analista seria então essa sombra que recolhe o corpo no oco da língua.

O surgimento de significantes e o descolamento em relação ao corpo organizam esses deslocamentos incessantes solicitados pelo lugar do analista. O silêncio do analista subordina o domínio do corpo ao dos dizeres, para si mesmo e para o analisando. E finalmente pensamos que o silêncio do analista toma o valor de um *ato analítico*, quer dizer, relança a palavra e o desejo sem fixar um significado, com a condição de que o analista se desloque sem cessar em seu próprio silêncio. O lugar do analista se encontra suspenso a essa mobilidade e assim revela outros lugares.

2. *Três faces do silêncio*

No entanto, essa mobilidade se vê necessariamente detida em certas ocasiões. Distinguiremos três formas dessa parada, que, aliás, decompõem as faces do silêncio.

Uma primeira forma de parada pode ser caracterizada pela *surpresa*: é o momento do aparecimento de uma formação do inconsciente ou de uma palavra de verdade que nomeia e separa o que estava *confundido*. Essa parada se apresenta como o produto de deslocamentos mais particularmente enfocados aqui como metáforas, e por si mesma relança novos percursos simbólicos. Trata-se, portanto, de uma parada pontual que marca uma nova inscrição do corpo na palavra. Esse ato revela pelo avesso o silêncio como lugar onde se forma uma palavra inédita.

Uma segunda forma de parada pode ser entendida como uma *cristalização*: segundo a lógica da fantasia, trata-se de um ato pelo qual o sujeito provoca uma parada nos trajetos de seu desejo e se imobiliza num lugar de objeto. Frente ao enigma do desejo do Outro, ele se imobiliza numa fantasia. É o caso, por exemplo, de um aspecto do amor de transferência, que Freud considerava ao mesmo tempo como um obstáculo ao trabalho analítico e como um de seus elementos determinantes.[5] Nesse caso, o silêncio pode dar um corpo fictício ao Outro imaginário no qual o sujeito fica suspenso para tentar desaparecer, ao atualizar sua própria alienação imaginária. Também o analista se desloca, a fim de que *as surpresas* corroam progressivamente essa *cristalização*.

Uma terceira forma de parada implica a fantasia de maneira mais errática, a nosso ver, fora de um quadro simbólico. Nós a enfocaremos como uma *ruptura*. Aqui um objeto real faz irrupção no tratamento, lastreando o corpo com seu dizer. E ao passo que o corpo do analisando recobra alguma carne, o analista não pode mais se deslocar em seu silêncio. Bem mais que as outras, essa última formação atinge o lugar do analista: a função analítica do silêncio de alguma forma se subverte, pois se transforma em impotência para relançar os dizeres. Nessa configuração particular, o silêncio do analista poderia ser imobilizado e, como veremos, ser constituído em lugar de *depósito* de um objeto de gozo.

Consagraremos a sequência de nossa exposição a essa formação, pois ela nos permite interrogar as condições nas quais se produz um fracasso da negatividade do silêncio do analista.

Ao prestar atenção às qualidades desse silêncio, somos levados a situar tais formações como tempos de ruptura no campo da escuta do analista. A noção freudiana de ruptura, que pertence ao registro econômico da metapsicologia, designa uma modalidade particular de fracasso de uma divisão fora/dentro.[6] E a fronteira arcaica do fora e do dentro figura uma primeira organização narcísica que orienta o jogo pulsional.[7]

Por que considerar de maneira privilegiada a questão do silêncio do analista? É que nos parece que certas formações podem ser detectadas em primeira mão nesse lugar: a marca impressa de certas ações do analisando pode aparecer em primeiro lugar ao nível de uma sideração do silêncio do analista. Por debaixo dessa afirmação se mantém uma hipótese nascida da clínica: se queremos perceber o que *age* ao nível do corpo do analisando, é no silêncio do analista que encontramos o eco. Uma separação fora/dentro vacila de maneira insólita entre o analista e o analisando, quando se desenrola esse campo do alucinatório no qual o corpo se infla com um objeto de gozo, em vez de se elaborar na palavra.[8] Já não se trata de deslocamentos das representações no seio de uma dialética que se instaura entre o Outro e o Eu, mas do percurso de objetos alucinatórios, não-simbolizados.[9]

Se o silêncio prepara o leito de uma palavra que corta o corpo pulsional, ele recolhe igualmente formações erráticas do corpo. Assim, quando o analisando se imobiliza numa posição de objeto que não se sustenta de imagens, e quando sua palavra cessa de ausentar a carne, o silêncio do analista poderia encontrar-se como que ocupado por uma formação alucinatória. Quando o analista percebe que não pode mais deslocar-se em seu silêncio, ele pode pensar que alguma coisa está prestes a se siderar e que talvez só mais tarde apareça sob a forma de uma passagem ao ato ou de um acidente somático. Alguma coisa se "massificou" no tratamento, quando o corpo não é mais transportado – ou transferido – nos dizeres que o cortam e o ausentam. Diremos que o analisando reencontrou um corpo possível no silêncio do analista.

3. Uma sideração do silêncio

Quando o silêncio do analista se vê assim imobilizado ou capturado não é o lugar do analista que vacila? Como se ele deixasse de garantir a tomada em perspectiva de um real impossível; esse último pareceria fazer retorno no lugar do silêncio, para siderá-lo. Como se ao tomar o véu do silêncio pelo próprio buraco do real, o analisando tentasse preenchê-lo. Do ponto de vista do gozo também, essa imobilização figura um ato bem-sucedido: o analisando pode cessar de desejar, ele faz o Outro se calar, ao lhe entregar uma espécie de oferenda. E a oferenda não é a perda! O corpo se engolfa no silêncio do analista para sacrificá-lo. O sujeito já não brota de seu fracasso em dizer o real, mas o analisando ocupa o lugar de um objeto e tenta obturar o buraco do real fora de todo quadro simbólico.

Podemos então nos perguntar sobre quais são os atos ou as palavras do analisando que aprisionam o silêncio do analista, ou ainda, qual silêncio do analista consuma de alguma forma os dizeres do analisando? Abordaremos o segundo aspecto dessa questão.

Sem dúvida, o silêncio deixa de ser *ato* de relançamento dos dizeres e do desejo precisamente quando não mantém mais para si próprio a perspectiva de um real excluído. Como se da posição e pela posição do analista a distância entre o real e o véu do silêncio pudesse ser reduzida. Esse silêncio estaria então prestes a adquirir a densidade de uma certeza? De fato pensamos que se o analista cessa de se deslocar em seu silêncio, ele não pode mais escutar verdadeiramente nem inventar. Pois a escuta se trama no deslizamento das representações do analista, que se surpreendem a compor e a decompor sem descanso a partitura dos dizeres do analisando.

Por outra parte, se o próprio analista está submetido a uma regra de silêncio ou a um voto de silêncio, ele solicita a tentativa mística de um sacrifício ao "mistério" do Outro, pelo qual o analisando poderia se identificar ao "dejeto" do gozo desse Outro. Diremos de forma mais geral que depósitos de gozo ou oferendas do analisando podem se fixar no ponto de imobilidade que está no bojo do silêncio do analista. Entende-se esse ponto de imobilidade, que pode consagrar um saber ou designar a perspectiva de um ideal a atingir, como o lugar onde o desejo do analista não está mais operante em seu silêncio.

Entendemos da mesma maneira esses momentos do tratamento em que o silêncio perde seu valor analítico, pois que somente uma intervenção ajustada teria o poder de relançar os dizeres. Assim, diante do agir constitutivo de certas palavras do analisando, o silêncio do analista toma a consistência de uma resposta que tem um valor de "recibo". Quando pensa significar um objetivo de não-recepção, o analista às vezes ratifica sem querer certo *depósito*. Falamos de formação de *depósito* na medida em que certas palavras com estatuto de ações comportam uma dimensão de oferenda pela qual o analisando constitui o analista como portador de uma carga, ao passo que ele mesmo desaparece.

Com efeito, distinguimos diferentes modalidades de "ação" na palavra do analisando:[10] por exemplo, as suspensões da voz, num ponto determinado, que dão corpo à representação do analista; ou ainda certos ditos que atingem o corpo por um enunciado performativo e fundam uma atuação essencial da transferência na dimensão da fantasia. Em nossa opinião, essas "ações" figuram pontos de ancoragem da atividade pulsional que recolocam em questão a elaboração do corpo na palavra. São tempos privilegiados de irrupção do "sexual" que de alguma maneira levam à incandescência as próprias "ações" que sustentam a fantasia, e levantam as associações que incitam os lugares do "infantil".[11]

Ao contrário, outras formas de "ação" na palavra não efetuam mais do que uma "descarga",[12] incapazes de relançar outras "ações" do corpo na palavra, ou seja, o próprio movimento do desejo. E agora abordamos o segundo aspecto de nossa questão quanto às ações do analisando que imobilizam o silêncio. Pensamos de fato que no silêncio do analista pode estar colocado, ou estar conservado, um "excesso":[13] tratar-se-ia, entre outras, de certas produções de ficções ou de uma palavra pela qual o analisando coloca a "cargo" do analista alguma coisa da qual ele mesmo se desprende. Após o que, o silêncio do analista se vê portador de uma formação que o imobiliza.

Sob essa referência, enfocaremos o agir constitutivo de certas palavras que, ao não mais solicitarem uma dialética da demanda, da falta e do desejo, fantasiosamente atribuem um lugar preciso ou depositam um saber particular no analista sem que um *retorno possível* esteja implícito ou implicado nesse enunciado. Trata-se com efeito de um enunciado que ao se proferir não poderia retroativamente se transformar. O que ele gera é antes um "excesso" ou um objeto de gozo, como um *jato* que não seria seguido de nenhum *retorno.*

Para precisar a qualidade de tal agir lembremos que a elaboração do corpo pulsional no desejo se faz no ato reiterado de um ir e vir, como a voz da criança que se desprende num movimento desordenado e indeterminado que só se erotiza e se elabora como uma mensagem quando aquele que faz função de Outro a inscreve em sua palavra, na dimensão da demanda. O retorno de sua própria voz a constitui para a criança como voz humanizada: a perfuração real do ruído do corpo envolve-se de significantes liberados pelo Outro. Um processo como esse, que aqui se refere mais a um modelo estrutural do que a uma perspectiva genética, só toma toda sua amplitude ao se tornar autônomo em relação às intervenções do Outro encarnado, para se perpetuar em sua ausência.

Encontramos um eco a essas afirmações numa passagem notável do *Esboço de uma psicologia científica*: "Portanto, o fato de julgar... (trata-se de um julgamento primário que se funda sobre 'experiências somáticas'), constitui na origem um processo de associação entre certos investimentos vindos de fora e outros emanados do corpo do sujeito, uma identificação entre informações ou investimentos vindos de φ e do interior. O que qualificamos de 'objetos' é feito dos restos que escaparam ao julgamento."[14]

Sem nos estendermos sobre as complexidades implicadas pelo estudo da noção freudiana de objeto em sua relação com o real, destacaremos, no entanto, que objetos "restos", escapando ao processo dessa elaboração dinâmica do fora e do dentro, podem finalmente subsistir num campo alucinatório. Podemos conceber, tal como a clínica nos leva a fazê-lo, que certos objetos "restos" se encontram conservados no gozo, ao invés de se perderem para amarrar o corpo a uma cadeia significante.

Voltemos agora à "ação", em sua relação com o silêncio do analista: no tratamento podem assim efetuar-se certos *jatos*, colocando em jogo uma "ação errática" do corpo que não foi simbolizado e que atualiza na palavra apenas uma materialidade acústica. Produz-se um objeto[15] de tipo alucinatório que interrompe o movimento do desejo e dá ao corpo a opacidade de seu gozo. Retrospectivamente, podemos dizer que uma ruptura aconteceu, enquanto o analista, sem o saber, dava abrigo a um "ob-jato" surrupiado ao desejo. E esta "ação" toma valor de repetição de um não retorno, de um desfalecimento do Outro, que deixa o corpo aberto ao gozo.

Somente o ato de um *retorno* pelo qual o analista engaja sua própria voz teria poder de velar e de "refletir" este "ob-jato". Colocando em jogo sua própria palavra nesse lugar exato, ele constitui como mensagem o que era apenas um jato. E quando um *movimento do corpo* sofreu ancoragem na nomeação, a palavra pode de novo encontrar seu próprio lugar de engendramento no silêncio. Sobre o fundo de um silêncio que pode inflar-se de dons e de significações, a palavra como ato reencontra sua origem no Nome que designa o lugar do sujeito.

4. Do corpo refletido pelo silêncio

As figuras dessa ação do analisando são evidentemente múltiplas e não temos a intenção de repertoriá-las ou torná-las modelares... Evocaremos somente, a título de curto fragmento clínico, a maneira em que certas formações de *depósito* podem de pronto imobilizar o analista já nas primeiras entrevistas.

Alguns pacientes entregam brutalmente a *transparência* de seus casos, ou pelo menos do que eles apresentam como tal, nas primeiras entrevistas com o analista. Ao colocar imediatamente este último em posição de "salvador" e ao lhe significar isto, eles precipitam um relato movimentado de seus sofrimentos, apoiado em certas exibições (por exemplo, mutilações do corpo...). Surge assim um momento de perturbação, em que o sujeito se paralisa e nos paralisa no encantamento do evento, como se tudo estivesse dito. Os dizeres parecem então aniquilados, não sofrendo mais nenhum novo impulso. Quanto ao analista, ficaria a partir daí constituído portador de um "excesso": essas entrevistas parecem organizar-se ao modo de uma "descarga", no duplo sentido do termo.

Se o silêncio do analista se enche com as confissões e exclamações que lhe são dirigidas, ele não pode instaurar o lugar vazio que desde a primeira entrevista sustenta o movimento dos dizeres a vir. No caso de o analista não encontrar ocasião de testemunhar a recusa dessa "descarga", não é raro que o paciente desapareça como se tivesse agido um *depósito* correlativo a um sumiço. Nesse instante, o analista estaria sendo provocado em sua própria capacidade de invenção para se safar dessa situação. De fato, ficar atento ao agir constitutivo de certas palavras não significa que o analista deva apressar-se em operar um simples "retorno ao remetente" assim que surja tal formação. Seria antes o caso de acolhê-la nomeando-a, para constituir a metáfora. Pois esse ato só pode levar em conta as representações próprias do analista que ficam imobilizadas nessa formação. E a atenção do analista à qualidade de seu silêncio seria bem uma das maneiras de revelar em negativo os traços de tal ação.

As formações erráticas às quais nos referimos se ligam no mais das vezes a tratamentos de pacientes psicóticos. Mas nem por isso pensamos que surja unicamente nesse contexto. Pacientes não psicóticos podem igualmente lançar mão de formas de desaparecimento que não engajam mais somente a linguagem e as imagens. O sujeito poderia apagar-se de outra maneira que não num sintoma ou numa fantasia estruturada: outro modo de desaparecimento ligado ao acionamento de objetos alucinatórios encontra abrigo nos tratamentos quando o corpo não se elabora mais no Outro. Esse dado clínico aparece particularmente por ocasião do trabalho com pacientes toxicômanos, ou com outros desastradamente chamados "psicossomáticos", ou ainda "psicopatas". O fato de que esses pacientes sejam assim rotulados em categorias autônomas, que não podem se justificar analiticamente, bem testemunha a falta de consideração pelas formações alucinatórias que agem principalmente no quadro de certas neuroses.

Não abordaremos em mais detalhes essa última questão no interior de nosso artigo, mas observaremos simplesmente que o silêncio do analista pode constituir a ancoragem privilegiada de uma reflexão sobre a elaboração do corpo no tratamento. No campo da transferência circulam formações que não possuem as características de "formações de inconsciente", na medida em que a organização narcísica que as embasa se revela parcialmente em falta. Elas dizem respeito antes aos percursos insólitos de "ob-jatos" alucinatórios, alguns movimentos bruscos que testemunham uma falta de elaboração do corpo pulsional. E para abordá-las não temos nenhuma necessidade de apelar para categorias duvidosas tais como a oposição simplista entre o "verbal" e o "não-verbal", ou entre ouvido e "sentido". Quanto a isso, observemos que um pensamento da "contratransferência", que com demasiada frequência se escuta sob a referência de uma simetria na intersubjetividade ou de um "ressentimento" reacional do analista, não leva em conta a negatividade essencial da qual se sustenta a clínica analítica.[16] E a questão do silêncio do analista pode precisamente contribuir para fundar de forma diferente o pensamento dessa clínica.

O silêncio do analista deveria ajustar-se em primeiro lugar ao eco das "ações" do corpo na palavra. Mais precisamente, o analista zela em sua escuta para que o corpo encontre seu lugar na língua que nomeia, sobre o fundo do silêncio. Também o silêncio do analista vem primeiro colocar-se como uma superfície que *reflete* as "ações" do corpo, para se romper no instante em que deve agarrá-las na língua e às vezes revesti-las de imagens: inventar os dizeres que fazem o silêncio ressoar...

Entretanto, essa função fundamental do silêncio revela-se primeiro para nós por seu fracasso, e num *a posteriori*: aquilo que se faz em silêncio em numerosos tratamentos, em outros exige todo um trabalho de ajustamento do silêncio do analista, principalmente a partir de sua voz. O corpo vai se elaborar na sombra estendida pelo silêncio do analista, se este destaca os objetos pulsionais necessários ao processo de amarração do corpo nos dizeres do analisando.

Ao tomar de empréstimo uma metáfora fotográfica, diremos que certas formações alucinatórias aparecem como tais num "banho" que as "revela". E o silêncio do analista possui essa qualidade, se ele zela pela própria mobilidade. Os movimentos de uma elaboração essencial do corpo podem então esboçar-se na transferência, para que o inconsciente em seguida tenha como abrir seus efeitos à palavra.

Finalmente, se a questão do silêncio do analista se encontra geralmente revestida das características da evidência ou relegada ao código de um *savoir-faire*, em nossa opinião ela levanta de preferência opacidades capazes de desarranjar certos modelos.

O silêncio: um "mais-de-palavra"

Xavier Audouard

Ato e palavra: dois mundos

Todo ato digno desse nome é corte, ruptura. Por quê? Porque um ato consiste em passar do mundo que se conhece, que já foi explorado, com o qual se está habituado, onde nossas repetições funcionam, ato que se pode representar, do qual se pode falar, para outro mundo, inesperado esse, para o qual não se tem referências ou balizas e no qual o único guia no aqui e agora do ato é um caminho aparentemente arbitrário: "Por que aqui? Por que agora?" Tudo se passa como se esse corte a se produzir nem mesmo nos pertencesse, como se permanentemente diante de nós, ele pertencesse à estranheza de tudo o que se articula com o real.

Pensamos na famosa "regra fundamental", genialmente inventada por Freud: "Diga tudo quanto lhe vem à cabeça – *die Einfalle* – e não aquilo que prepararia com antecedência." De saída, a psicanálise arroja a palavra no ato, quer dizer, na ruptura, o corte que afasta toda precaução; ela propõe que se tome a palavra por pura e simples realidade, demitindo-a de seu papel habitual de traduzir intenções, boas ou más. Esse corte, como todo corte, é difícil. A iniciativa que consiste em "romper" bruscamente o silêncio, rompendo também com os hábitos defensivos da moral, do social, da intelectualidade, mostra-se impossível a muitos que têm a inibição por sintoma: para esses, mais vale permanecer no "bem-conhecido" do que se jogar no vazio não programado como sendo a existência, sem poder ser. Em suma, "mais valeria jamais terem nascido"! Alguns veem na "tomada" da palavra um ato impossível, até que compreendam, mas não somente pela inteligência, que não se pode verdadeiramente falar senão sendo tomado pela palavra. É com isso que é preciso contar: guardar silêncio ou tomar a palavra é a mesma coisa quando é ato, quando é a expressão de outra coisa que não somente o pedido de ser reconhecido, quando somos puxados para fora de nós por uma súbita animação da pura solidão do desejo. Levantar-se diante de um auditório, arbitrariamente em suma, sem ter previsto em detalhes o que se tem a dizer. A menor inibição, o menor retorno sobre si diante desse vazio faz com que, tal como o *Gilles* de Watteau, lá se fique, braços balouçantes, sem nada dizer, sem nada no espírito a não ser tudo o que se tinha a dizer, mas apagado, recalcado, proibido, como o desejo sexual é proibido em nome da demanda no homem impotente.

Esse silêncio evidentemente não é da ordem do ato; ao contrário, ele pertence às medidas defensivas contra o ato; ele se opõe a essa "função de precipitação" e da "certeza antecipada", como escreveu Lacan ao apresentar uma situação de urgência para a lógica. A origem do humano não reside na antecipação, na "prematuridade", traço que se observa em todos os níveis de sua evolução e de suas escolhas? Fala bem antes de "saber" falar, assim como nasceu antes de poder nascer para este mundo pleno de embustes; de outro modo não seria um humano, um "ex-"istente, ficaria preso numa continuidade biológica sem falhas, sem verdadeira ruptura com sua vida fetal. Seria um mamífero habilidoso e não um ser aberto de alto a baixo por uma fenda irreversível. O primata, em que pese todo o respeito que lhe devemos, aparece-nos como aquele que não pode reconhecer-se como sendo o mesmo no "outro", lá no espelho da poça d'água que abre para o inverso do mundo: não se fez o corte entre a natureza de onde ele vem e este presente de hoje, onde está já não estando mais. Mas, se perguntássemos a um futuro recém-nascido se ele aceitaria operar sua passagem para um mundo de ar e tão aberto como esse que o espera, com todas as vicissitudes de uma realidade "surda, muda e cega", qual seria sua resposta? Sem dúvida que essa vida que ele já conhece lhe basta e que o que se lhe propõe é o vazio da morte. Saberíamos então que não é um pequeno humano, pois esse, mesmo não se sentindo "analiticamente" escutado, sabe uma coisa: "Meu desejo de nascer e de existir me arranca de minha resistência, porque o que me puxa assim é mais forte que a própria resistência." Sim! Para toda ruptura constitutiva de um ato, cada um em sua solidão só conta com essa força de impulso que não vem de si "*mesmo*".

A lição do mergulhador

Há uma comparação adequada para ilustrar tudo isso (dentre outras, é verdade): para manifestar a experiência que cada um de nós faz permanentemente, queira ou não, de sermos esperados por uma realidade outra, fora de nós, por um "por-vir" (termo de J.-D. Nasio) da realidade que é preciso sentir até o fundo do corpo. A experiência do sofrimento, tanto quanto a do gozo, é privilegiada nesse sentido. Quando o mergulhador está sobre o trampolim, só há uma única "palavra" – ele bem o sabe – que lhe vale agora: é o meio milímetro que vai separar, em ato, a planta de seus pés da prancha do trampolim. Só então, por uma vez bastante rara na vida, ele se sentirá livre da cabeça aos pés, cabeça para baixo, seguindo uma deflexão menor que a de seu nascimento. O *discurso*, a representação que o mergulhador se faz sobre o trampolim, mostra-se nulo e não acontecido ao se comparar ao próprio mergulho. Quem mergulha é radicalmente outro que não o discursista gabando, antes ou depois, os méritos do mergulho ou comentando suas imperfeições. Isso porque esse mundo subitamente aberto no qual o ato do mergulhador o fez passar é radicalmente outro em relação ao mundo da linguagem. O ato tem toda essa eficiência de torná-lo outro.

Ora, essa é a ambição da psicanálise. Portanto, se a psicanálise se reduz a não ser mais do que palavra e não é surgimento do ato – o que exclui todo *acting*, que nada mais é que um substituto da palavra –, ela é apenas um exercício vazio diante de uma existência, no entanto aberta diante de sua consumação. "É a experiência de uma ultrapassagem da psicanálise que permite nascer para a abertura: a psicanálise deve gerar sua própria morte para nos impulsionar a viver."

Silêncio sobre a psicanálise e silêncio na psicanálise

Ter-me-ei afastado do assunto central do silêncio, ao dizer tudo isso? Num sentido sim, e mesmo infinitamente. Pois no silêncio é como no humor. Vai alguém "tratar" do assunto com a seriedade e a eloquência que convêm, e eis que o assunto desaparece em coisa completamente diferente, renegado em ato quando em palavra se quis promovê-lo. É como o pássaro da deusa Sabedoria: assim que aparece, já desapareceu na noite. Dentro em breve serão cem anos em que congressos, discursos, seminários, escritos não cessarão de revirar em público essa substância extraterrestre, vinda de outra parte, que sempre foi a psicanálise; não será a hora de alguém levantar-se e dizer: "Alto lá!"? Tudo quanto de fato é preciso saber e não cessar de meditar, esteja atento para que tudo isso não vaze em puros discursos. Se tudo isso não se inscreve no interior do silêncio do ato e para ele não conduz no final do percurso, se sua própria palavra não vibra sob o impulso de um silêncio que ela contém e que a anima de um silêncio muito mais profundo e totalizante do que as sínteses explicativas, então fatalmente vocês perderam o caminho. A análise tomada como tal, quer dizer, por aquilo que ela é: uma experiência efetiva, um ato, tem como fim desembocar na integralidade, na totalidade do silêncio que a habitava, para deixar surgirem coisas muito diferentes na existência do que essas palavras e palavras sem fim que foram a areia do deserto por atravessar. Todos os mais belos discursos *sobre* a análise deveriam calar-se, cedo ou tarde, diante desse silêncio onde não mais se reconhecem. A psicanálise, tanto na teoria quanto na prática, é feita para ser *atravessada*, como um campo que conduz a um caminho; para além da abertura que faz dela uma nova mãe, há esse "declínio" de um complexo de Édipo que poderia ser mortífero; há a liberdade do sujeito criador que é a retomada em si do único "pai" que vale, e que é o ato em si mesmo.

No interior desse "Começo que não tem fim" (para retomar a bela formulação de Octave Mannoni), e que é a transferência, surge o ato quando a palavra sente que chegou à encruzilhada onde deve fazer silêncio para responder de verdade ao enigma da Esfinge. Veremos com mais precisão como isso pode se fazer e como a "Não-Psicanálise" trabalha no coração da dita Psicanálise.

Realidade, ato e função de "desentranhadores"

Como sabemos o silêncio não pode ser apreendido como um termo isolado, numa pura oposição à palavra. (A oposição de dois termos sempre é um sofisma, se acreditarmos que seja pura e simples, pois é necessário um terceiro termo que engloba, cria, vê e sustenta esse par de opostos.) Na verdade, o silêncio é um limite que no coração da palavra, em seu seio, a todo o momento introduz essa palavra num "porvir" imprevisível. O silêncio que reveste uma característica de defesa não abre a palavra nem a seu além, nem a seu aquém, o que dá no mesmo; ele se constitui e se sabe como um oposto da palavra, como um fechamento protetor desta a todo porvir.

Uma teoria "logicizante" da psicanálise quis nos levar a crer que a palavra é feita para introduzir a palavra a mais palavras. (É próprio do simbólico, de fato, só gerar o simbólico e assim constituir um mundo feito de puro discurso.) Mais vale perceber que este "mais-de-palavra" tem outro nome: chama-se *realidade*. Este mais-de-palavra é também um mais-do-que-palavra, que joga esta última para fora das "matrizes" da linguística, nesse encontro de imaginário e real – a realidade – que todo tempo espera a ultrapassagem da palavra.

Permitam-me dizer ainda uma vez como defino o ato. É o movimento – procedimento, gesto, assinalamento, apelo, aceitação, recusa, manifestação, risco corrido, engajamento aceito etc. – pelo qual "eu" me demito, ou melhor, "isso" se demite da representação – ou seja, do discurso que sustento a respeito de mim mesmo diante de outrem – a favor de alguma coisa radicalmente outra, mais ou menos heterogênea quanto ao enunciado da palavra que se chama realidade. A representação pode até demitir-se de si mesma a favor de sua própria realidade: pois não é isso o teatro?

A procura de um exemplo disso leva a encontrar mil. Um analisando me diz: "Parei de me dizer e de lhe dizer que estou em análise e que devo falar. Agora venho aqui como vou a qualquer outro lugar. E, se você não gostar, o preço é o mesmo. Sinto-me aberto ao que der e vier." Uma paciente um dia exclama esta palavra maravilhosa: "Sinto que me torno o diapasão do Lá do outro." Nada como a análise para que se multipliquem os exemplos de "ato-mais-de-palavra" como frutos do silêncio. Inútil pender para uma perspectiva que as pessoas que parecem não saber do que falam dão o nome de *mística* (palavra que se torna então uma verdadeira injúria, face ao que queria designar). Eu me contento em dizer que a palavra procedente do silêncio é uma introdução a um *alhures* que alguns, como os artistas ou os monges, conhecem melhor que todos os outros. Esse alhures está ali, na análise, no coração das palavras verdadeiras; é por isso que penso que exercemos o ofício de "desentranhadores".* Mas esse alhures não é sagrado: é profano de cabo a rabo, como Deus. Se disser que sou forçado a crer na experiência como "mística", não é porque entrevejo ao lado, abaixo ou acima da experiência um pequeno compartimento sagrado como uma sacristia. É muito mais porque creio na "mística do escovão": quando se está passando o escovão no assoalho da casa (o que vale mais para os psicanalistas do que fazer palavras cruzadas, como imaginava Lacan) é raro que se tenha fôlego suficiente para sustentar ao mesmo tempo um longo discurso – ou até para fazer uma prece: o ato é prece, e o escovão é o corpo de Deus. O corpo sobre o divã do analista também o é.

O silêncio da palavra a favor do corpo em análise

Nenhuma audácia em dizer e repetir: a psicanálise pode consistir em abrir a dimensão do discurso verbal para o quase silêncio da realidade. Esse quase silêncio ("quase" porque se faz ouvir) é o do *corpo*. Alguns parecem querer que os analisandos deixem seus corpos na sala de espera: mas se isso acontece, é o *organismo* e não mais o corpo erógeno que conduzirá seus sofrimentos em lugar e vez dos desejos do corpo. "O corpo todo inteiro é uma zona erógena", escreveu Freud em *Três ensaios*. Lacan exprimia também, nos volteios de um labirinto verbal, uma proposição que retive, porque

* O neologismo *entrailleur*, criado pelo autor, permite um jogo de significados complementares, de acordo com o método de divisão da palavra. Assim, "*entraille-eur*" dá ao analista o ofício de lidar com as entranhas, enquanto que "*entre-ailleurs*" o põe a trabalhar na brecha entre a palavra e... alhures. (N.T.)

a intelectualização da psicanálise me dava medo: "O corpo não engana." O corpo como lugar de desejo e de prazer constitui a presença da própria realidade no lugar da análise.

Poder-se-ia avançar, ao mesmo tempo, que ele é também o lugar do silêncio? Sim e não; não em aparência, já que o escutamos: ele respira. E, no entanto, sim, pois é como o ruído do escovão que vem tomar o lugar dos fonemas da palavra verbal. O que nunca deixa de ter efeitos.

– Não posso dizer nada, diz ela, não posso dizer nada depois de ter dito tudo.

– Mas sim, você fala.

– Como falo?

– Mas sim, eu escuto.

– Você escuta o quê?

– Escute.

Que pensam vocês? Isso não fala? Certo, é outra coisa, que não é lógica do significante ou do significado, isso se distancia da ciência linguística e de todo logocentrismo; mas é do alhures que começa a brotar a realidade. Aqui não somente a representação se demite de seu papel defensivo, mas também a palavra assim chamada livre, mas também a história e a anamnese assim chamadas retornos terapêuticos na transferência (tudo isso foi atravessado, não negado no início, evidentemente). Vocês, analistas do corpo, "desentranhadores", digam "sim", sentindo em seus próprios corpos a importância do que vocês dizem, sentindo a importância desse surgimento do fato de que *no fundo do corpo há outro*, e verão então o que acontece. Isso não se programa nem se nomeia. Minha experiência me provou, apesar de minhas resistências, que isso é da ordem de uma revelação – para além de uma realidade – do real (palavra não sagrada que não escrevo em maiúscula). Façam a experiência renovada, se o coração e o corpo lhes dizem alguma coisa. Se a travessia inevitável do organismo e de seus sofrimentos, se o grito ao sair de si não os apavora demais e não fere sua ética profissional, demitam as representações prévias desse ofício de analista: vocês compreenderão então o que tento apresentar do *silêncio.*

O silêncio é o núcleo ativo da palavra. A palavra, no breve instante em que dele procede, é um grito: o que todas as convenções sociais nos ensinaram a calar; o que não impede que, calado ou não, o grito animador da palavra que virá em seguida esteja lá. Toda paixão, no amplo sentido do termo, o torna audível. Esta é justamente a especificidade do laço transferencial, na análise: permitir esse momento de "interface", como se poderia dizer, entre o silêncio e a palavra, essa voz que grita no deserto ou esse grito que rasga de alto a baixo o véu do Templo (sabemos que o corpo é o templo, para ainda citar as Escrituras).

O nascimento da linguagem

Há ainda uma proposição que eu gostaria de deixar para meditação, tão minha quanto de qualquer outro, de tal maneira é trivial: a palavra verdadeira, essa palavra plena de que falava Lacan, procede do silêncio e a ele retorna. O "alhures" de onde ela nos chega, precede-nos infinitamente; mas não terá ela também precedido infinitamente o primeiro *Homo sapiens* que se pôs a falar? Para a palavra não existe tempo; as teorias empiristas do nascimento da linguagem e toda a filosofia de base linguística procuram, ao contrário, analisar numa perspectiva causal os elementos que permitiram a aparição de tal fenômeno na cadeia dos efeitos e das causas no universo. No entanto, sabemos que é trabalho perdido interrogar-se sobre a preexistência do ovo ou da galinha. Petição de princípio interrogar-se sobre a origem da linguagem, quando isso só pode ser feito no interior da linguagem. Mas, se "causamos" o grito ao deixar que a "causa" do silêncio "conte o caso",* então surge com evidência que a origem está lá hoje, tão criadora quanto inalcançável, e que isso situa nossa experiência *zeitlos*: fora do tempo. Qual é o tempo necessário para que surja um ato? Com que cronômetro será medido? Que espessura tem uma interface pura? Qual foi o tempo necessário para que acontecesse o "Big-Bang" que abriu a história do universo?

Num texto longo (sem dúvida impublicável), tentei mostrar que há uma linguagem para além de todo saber. Mas essa linguagem já não é mais a realidade, a qual se faz do encontro do imaginário e do real. Se não pode haver um além-da-linguagem, nem por isso a linguagem deixará de mostrar o seu além, assim como o horizonte recua à medida que o caminhante avança. J.-D. Nasio e eu encontramos simultaneamente a abertura dessa imagem ao dizer: "...até que o caminhante perceba que o horizonte é o terreno que lhe adere aos pés." A meu ver, o silêncio é esse momento do olhar, esse *Augenblick*, que separa o horizonte que os olhos

* O autor joga com o duplo sentido do verbo "*causer*": "ser a causa de" e "conversar". No uso deste recurso fica claro que o ato de "causar" um grito abriga em seu âmago a possibilidade de um começo de conversa. (N.T.)

vislumbram tão longe e esse torrão de terra grudado no sapato. O horizonte está tão longe que sempre está lá. Nosso silêncio verdadeiro nos é de tal forma inacessível, que faz ato de permanência na poltrona do analista, onde se sustenta e de onde emana; esse ato ganha corpo não somente como uma realidade visível, audível e representável, mas como um núcleo não reconhecível de onde emana o grito.

Existe o outro

É por isso que não deixo de utilizar essa formulação que a muitos parece obscura e que, segundo pensam alguns, só poderia proceder de um "iluminado". Sim, sou iluminado pelo que escuto surgir do silêncio de meus analisandos. A formulação é: "existe o outro". Que não se ponha uma maiúscula nesse nome que não tem nome. Passe o escovão ou grite um grito que lhe ultrapasse e lhe carregue para o divã de seu analista, que não aguentará talvez, e lhe dirá para se acalmar. Mas se existe o outro, ele não está a serviço nem do gozo nem da angústia de nenhum outrem. Fazer silêncio não é forçosamente continuar a se calar: é deixar o tempo desaparecer.

O tempo é supressão do espaço; o espaço é supressão do tempo: mais fórmulas que passarão por esotéricas e inexplicáveis. Mas não: o espaço enquanto liberado pela abertura do imaginário – sendo esse imaginário, por sua vez, revelado na dimensão do espelho, o reverso do mundo – suprime o tempo em toda a extensão em que permite a aparição daquilo que é especificamente humano: a *simultaneidade*.

Atualmente a física dita relativista mostra que não pode haver simultaneidade no universo, já que todo corpo, tão ínfimo quanto se queira e mesmo sem massa alguma como os fótons ou os neutrinos, por mais próximos que estejam de outro não deixam de estar separados por uma distância que a influência energética de qualquer natureza (interações forte, fraca, eletromagnética ou gravitacional) levará certo tempo para percorrer. Ora, não o imaginário. O espaço que aí se descortina se manifesta como idêntico a si mesmo na simultaneidade (imaginária, de fato) de seus elementos.

Deixemos assim. O tempo suprime igualmente o espaço. Ele não "detém seu voo" e o espaço não passa de um corte arbitrário, tanto quanto imaginário, nesse movimento que o carrega em seu interior. Expliquei esta minha visão num artigo que se intitulava: "Infans: antes que isso fale, o que isso diz?" E inventei uma parábola: a da ponte que um poeta-arquiteto projetou construir. A plataforma dessa ponte parte de Arcachon... em direção ao mar. "Mas, em direção a que outra margem? – É que não há quem a alcance." A margem é o próprio espaço. Outros – os sábios causalistas – quereriam que a alça dessa grande obra louca fosse calculada e que se assentasse sobre a inércia das pedras: em minha comparação, as palavras certas e refletidas. Não, diz o poeta: "*Parole avant langage qui traverse le temps, n'ayant pour tout bagage que le champ convertissant l'espace à devenir la rive où le temps se dépasse.*" ("Palavra antes da linguagem, que atravessa o tempo, tendo por única bagagem o campo que converte o espaço e o torna margem, onde o tempo se ultrapassa.") Com certeza, a ponte cai; corta-se a cabeça do poeta; todo voo cessa e, com a condenação do imaginário, volta-se ao que aprendemos a chamar de vida "obsessiva": "Por nada e sem descanso empilharam-se pedras."

De fato, as palavras que se consideram informações de computador e que não podem nem preceder o silêncio, nem dele proceder, nem dar testemunho dele, nem voltar a ele, essas palavras são pedras e nada mais. Empilhá-las indefinidamente, ameaça da humanidade de amanhã, é suprimir o tempo humano e criativo em nome do espaço e da repetição. Freud viu aí o lugar das pulsões de morte.

Nada mais silencioso em aparência do que um seixo. Mas só em relação a nossa palavra de hoje. Um geólogo, um cristalógrafo, um físico, um planetólogo sabem com propriedade restituir-lhe uma história, uma palavra, portanto: o carbono 14, por exemplo, diz sua idade.

O ser humano, este "parlasilente"

Quanto a mim, penso que o verdadeiro "parlente" (*parlêtre*) é o seixo. Ele fala com seu ente e não com sua presença. Ao existente eu chamaria por um nome que seria o único a lhe convir: ele é um "parlasilente". Ele precisa passar pelo silêncio para enfim poder falar.

Há muito a dizer – tentei, em outros lugares – desse silêncio em cujo bojo o tempo e o espaço se suprimem: Passando subitamente um dentro do outro, eles são testemunhas de outro lugar no desentranhador que é o psicanalista, que não aquele onde a palavra "causeia" de sua origem: ela tem mais sucesso em causar sua origem ao criar essa interface que é o grito.

Mais ainda do que Pascal, a quem "o silêncio eterno dos espaços infinitos apavorava", os sábios divulgadores da física dita quântica nos dizem atualmente que esse "campo de medida" que é um fóton, registrável como um quantum ínfimo da energia, muito pouco tempo atrás (um ano-luz do fotorreceptor) era uma onda de probabilidade sem espaço determinável e ocupando 10^{27}: um bilhão de bilhões de km^2.

É o que diz a linguagem dos sábios quando, para divulgação, se dirige ao *vulgum pecus*: este rebanho de carneiros comuns que somos nós. Mostrei em outro lugar que a linguagem cai então num paralogismo sério, quer dizer, numa lógica falaciosa. De fato, pretendem fazer-nos pular de uma linguagem peculiar à expressão das leis causais e elementaristas da natureza: a matemática, para a linguagem de nosso dia a dia ("me passe o sal") que tem outras referências e escalões de medidas diferentes, emprestados à experiência sensível.

Levar-nos a crer que se pode passar simplesmente assim de uma teoria científica verdadeira em si à nossa prática cotidiana é querer persuadir-nos de que uma "metalinguagem" engloba, domina e se dá por referente de todas as outras linguagens. Um paralogismo desses deve ser denunciado nas ciências quânticas ou na teoria psicanalítica. Na realidade, o que nasce de um átomo de silêncio como uma fruta madura, no curso das análises como no mais íntimo de nossa vida cotidiana (quando cessam os falatórios de fachada) é *ao mesmo tempo* a percepção originária desse ponto inalcançável do real – o simples fato de estar lá, sem ter nem a possibilidade nem o gosto de o representarmos, de o refletirmos, de o imaginarmos –, esse ponto de real e total contingência que só aparecerá no momento de nossa morte. E, de quebra, a percepção simultânea de todas as formas do baile de máscaras da palavra, do agir, do sofrimento e do gozo, de tudo quanto faz o pão cotidiano de nossa vida, essa vida "dentro da realidade", análoga em todos os pontos a essas ondas de probabilidade que proíbem para sempre qualquer certeza de um conhecimento simultâneo do ponto de nossa posição e de nossa velocidade (de existir). Nenhuma síntese parece possível para essa dupla percepção, para esse "de-uma-só-vez" que nos mergulha no profundo silêncio de um céu desde então vazio de um Deus "sagrado". Somos tomados no "além" de uma linguagem que, no entanto, sempre e sem descanso, está em vias de se dizer.

Por isso, que cada leitor me desculpe esta paixão de falar, que assim me faz renegar minha causa por querer apresentá-la.

O grito e a coisa

Christian Oddoux

> O gesso te diz sempre: vai... vai!
> O mármore te diz sempre: para... para!
>
> IPOUSTEGUY

"No momento não posso dizer se é preciso atribuir uma 'realidade' aos desejos inconscientes e que forma ela poderia ter", nos diz Freud nas últimas linhas da *Interpretação dos sonhos*.[1] Ele nos deixa assim em suspenso entre realidade psíquica e realidade material, realidades que não devem ser confundidas, acrescenta. A voz de Freud, ao se abrir a uma dupla questão, não será também a testemunha de uma insatisfação permanente, ela própria tomada como "fragmento de realidade"? Com a análise da repetição, Freud atribui essa realidade ao instinto de morte, "última estrutura e ponto de fuga de toda realidade possível de se atingir"... Experiência de divisão, ato após ato, ou, como entre o pincel e o ato, ao laborar no texto das reminiscências, bem sabemos que o poder de apreensão se nos esquiva e nos deixa reduzidos a inventar, a construir e mesmo a interpretar,[2] experiências de ruptura de um saber estabelecido desde sempre, e que ali nos falta. Corte e igualmente testemunha para o analista de que é fora do pensamento que essa esquiva opera.

Por outra, ao fazer a "inspiração" recair sobre o conceito operatório de "processo primário",[3] Freud não é menos insistente quanto a essa maneira própria ao poeta de "desfigurar a verdade"... a condição mesma para nós, analistas, como silêncio entre saber e sexo, de uma possível restituição desse "fragmento perdido de uma história vivida",[4] como o grão de verdade no âmago de todo delírio.[5]

Pois não é o silêncio que cria o campo das associações livres, ou não é ele a chave de uma neutralidade com frequência sentida... como hostil? Garantia em todo caso, por um lado, de que "precisamente por alguma coisa ter sido atada à palavra é que o discurso pode desatá-la",[6] e por outro, de que um "discurso vazio ressoa por sobre os atos humanos que se tornaram impenetráveis, pela imaginação desses motivos que se tornaram irracionais precisamente por só serem racionalizados na perspectiva egoica do desconhecimento".[7] Eis aí o silêncio, o próprio simulacro do objeto em psicanálise, ou seja, "o que ocupa o lugar do nada" e por isso mesmo testemunha que a psicanálise é experiência do real, "do que não pode não ser".

Já na carta 52 a Fliess, Freud mostra o objeto íntima e irremediavelmente ligado à dimensão do Tempo, tomado como objeto primordial de uma primeira apreensão da realidade, como experiência de desligamento. Certeza e Urgência formam uma mesma coisa, e o objeto só sobrevém com a dor. Ao ler Freud vemos bem que grito e silêncio se misturam como se misturam "ao lado" e "semelhança", "separação" e "identidade", quando a experiência primeira do próximo promove o inverso: ou seja, o estrangeiro. Assim o Grito se faz abismo onde o silêncio se precipita, nos diz

Lacan,[8] por esse buraco central no sujeito, que é o objeto do desejo. Isso foi topologicamente representado pela figura da tora, superfície constituída de espirais da demanda, trajeto pulsional cuja escrita $\$ \lozenge D$ vale igualmente para o Grito. Quanto a esta escrita $\$ \lozenge D$, Lacan lembra que "se o S aparece pela primeira vez em correlação com a demanda, isso não pode deixar de ter relação com essa função do silêncio".[9] "É chocante", continua ele, "que para ilustrar-lhes o silêncio, eu nada tenha encontrado de melhor, em minha opinião, do que o que todos viram e que se chama *o Grito*... Quem o ouviria, esse grito que não ouvimos, senão justamente porque ele impõe esse reino do silêncio que parece subir e descer *nesse espaço centrado e ao mesmo tempo aberto*?"[10]

Agora leiamos Freud no *Esboço*: "Nossos próprios gritos conferem sua característica ao objeto, ao passo que, de outra forma e devido ao sofrimento, não poderíamos ter nenhuma noção qualitativamente clara dele."[11]

O grito, portanto, recebe sua característica primordial do buraco. Assim, ele atesta para um sujeito aquilo que o constitui como primeiro exterior, ainda que íntimo. O próprio momento e lugar de um espaço entre sujeito-fora sujeito, que Lacan situará com *das Ding* como "extimidade". Digamos que ao se esvaziar o ser falante como Razão, ele não teria nem mesmo como ser pronunciado; daí talvez a pertinência desta frase de Georges Bataille: "A verdade que somente o silêncio não trai." Pois, como sabemos sobre o fundo de silêncio a verdade fala na Coisa (*das Ding*). Essa coisa, realidade muda, fala paradoxalmente dela mesma e dá testemunho da existência de um vazio central na ordem da palavra, parte maldita e para sempre perdida em nossa relação com o outro, como tantos cortes e descontinuidades, a assegurar a quase continuidade entre Um e Outro.

Como contraponto, a conclusão da "Nota sobre a lousa mágica": "As interrupções que na lousa mágica provêm do exterior, eu as fazia resultar da descontinuidade do fluxo de inervação; em vez de uma ruptura efetiva de contato, encontramos agora a não excitação periódica do sistema perceptivo... Trabalho descontínuo como fundamento da aparição da representação do tempo."[12] Essa concepção do tempo como Espaço-Tempo é essencial para nós. Sabe-se que ela conduziu Freud a remanejamentos fundamentais de sua teoria, apoiando-se sobre o conceito de *nachträglich*. Esse conceito de "*a posteriori*", observa Lacan, é inerente à passagem de uma segunda a uma terceira dimensão como produção de um espaço real: o volume. A arquitetura e a escrita dão testemunho de um vazio central rodeado de planos. Além disso, se a escultura tem algo em comum com a psicanálise, nos diz Freud, é que ambas procedem de uma prática "de retirar", arrancando à pedra bruta tudo o que recobre a superfície de uma forma que ela contém.

A soldar grito e silêncio, uma descontinuidade, entre as abas de um políptico, está Aïon, forma vazia do tempo de um sempre já passado e, no entanto, eternamente ainda por vir.[13] É o limite entre simbólico e real, referência geométrica para a Coisa, que o autor aprende a abraçar de tão perto, que acaba por se dedicar a fixar esse desfalecimento imaginário que lhe é próprio sob a forma da ilusão. Isso, pelos volteios de sua técnica que, como *techné*, é obra de carpintaria; escutemos, portanto, Henry Moore em "Proposições sobre o osso": "O primeiro buraco cavado num bloco de pedra é uma revelação. O buraco liga uma parte à outra, acusando o caráter tridimensional do conjunto. Um buraco pode ter um significado formal tão importante quanto a massa sólida. Ao me dar conta do papel do espaço na escultura, considerei o buraco como uma forma com existência própria, pisoteando sobre o corpo sólido, quase o devorando, tanto e tão bem que às vezes esse último não é mais que a carcaça de um buraco."[14]

Cada entalhe é acidente, liga do fazer e do tempo. De traço em traço, de queda em queda, sem que, no entanto, em nenhum lugar o objeto seja tangível, o único que poderá ser atingido o será mais vivamente do que aquilo que era visado, sempre marcado por um buraco de silêncio, buraco no coração do espírito humano que, para Lao-Tsé contém o vazio graças ao qual o retorno é possível.

Debate

Muriel Chaperon, Jacques Sedat

M. Chaperon – Em poucas palavras, parece-me chegado o momento de saudar não tanto o silêncio que G. Bataille qualificou de deslizante, mas esse deslizamento do silêncio no intervalo analista-analisando. Eu gostaria de dizer que o grito é sempre traço do real, seja ele um grito mudo ou levado pelo alento. Mudo, o grito é esse buraco que a imagem da carne tão bem evoca nas pinturas de Bacon, ou ainda essa boca aberta de Medusa. O buraco do grito petrifica – aqui invoco a ereção –, acarreta a queda do corpo como se ele retornasse à Coisa e cavasse um oco na palavra. Com o grito, o corpo se expulsa de si mesmo e provoca o silêncio. Eu articularia neste ponto minha questão: o grito não seria somente um primeiro objeto, como diz Freud, ou simples abjeto de que fala Kristeva, mas seria o produtor de um silêncio. De um silêncio que é preciso ouvir como o encontro perdido do analista com o analisando.

J. Sedat – Dentro de nossa jornada dedicada ao silêncio, eu gostaria de introduzir uma reflexão sobre a linguagem, a palavra e o discurso. Com muita frequência não sabemos a que função pertence cada um desses termos que designa uma instância diferente à qual o homem está submetido. Um texto de um autor, cujo nome eu não direi por um momento, mostra bem a relação do homem à linguagem.

"O homem se comporta como se fosse o criador e o mestre da linguagem, quando, no entanto, ao contrário, essa última é sua soberana. Quando essa relação de soberania se inverte, maquinações estranhas vêm ao espírito do homem. A linguagem torna-se um meio de expressão. Enquanto expressão, a linguagem pode cair para o nível de um simples meio de pressão. Convém sempre cuidar do falar, mesmo numa tal utilização da linguagem; mas esse cuidado por si só jamais nos ajudará a remediar a inversão da verdadeira relação de soberania entre a linguagem e o homem. Pois, no sentido próprio dos termos, é a língua que fala. *O homem fala somente na medida em que responde à linguagem, ao escutar o que ela lhe diz.* Entre todos os apelos que nós homens podemos contribuir para fazer falar, o da linguagem é o mais elevado e sempre o primeiro. A linguagem nos chama e é a primeira e a última a conduzir em nossa direção o ser de uma coisa."

Esse texto de 1951, praticamente contemporâneo, portanto, do Discurso de Roma, não é de Jacques Lacan, mas de alguém que Lacan leu muito e mesmo encontrou: Heidegger. Na conferência "O homem habita em poeta", Heidegger mostra o homem totalmente submetido a uma linguagem que se faz palavra. O discurso que o homem sustenta de alguma forma nada mais é do que a resposta segunda à linguagem, na medida em que se deixa levar por ela. Da mesma maneira que a linguagem nos conduz em direção ao ser da Coisa, como diz Heidegger no fim do texto, a linguagem nos entrega o silêncio da Coisa, ou, para retomar ainda seus termos: "O ser transparente da Coisa, de maneira direta e definitiva, como se entrega um objeto pronto para o uso."

IV. O Silêncio e o Real

Um silêncio tão lento... um silêncio de morte

Jacqueline Moulin

No dia seguinte à morte de Merleau-Ponty, C. Lefort abria seu posfácio à edição da última obra do filósofo – *O visível e o invisível* – com a seguinte exclamação íntima: "Estranho silêncio este no qual nos deixa o discurso interrompido..." Estranheza sombria e muda, mais estranha ainda quando, do silêncio do ser amado, chega à palavra um silêncio muito longínquo. O luto recente reatualiza o luto ignorado.

De um buraco no Real a um "buraco de memória": o ser (*l'être*) em falta abre lugar à letra (*lettre*) em falta. O silêncio envolvia o Nada: o que faz silêncio é aquilo que, ao fazer corpo, ao fazer "gozo", não tem sentido. De súbito o tempo, numa aceleração fulminante por ser aceleração para trás, percute o "sujeito-morte" com uma "morte-estação": o que talvez ilustre entre duas palavras o assinalamento e o funcionamento da estrutura.

O silêncio que me proponho evocar é um silêncio de luto, ou talvez seja mais exato dizer um silêncio de não-luto... Esse não-luto do olhar que o silêncio encerra e conserva como uma tumba. Nada direi desse silêncio voluntário que se segue à morte de um ente amado: lágrimas que não mais se deixam ver nem ouvir porque se "recolheram" nas dobras da memória de um eu que pouco a pouco se juntou ao desaparecido e se apagou diante de um novo eu, para uma vida outra, quando o trabalho do luto a abre, essa outra vida.

Evocarei o silêncio inconsciente, aquele que faz do inconsciente discurso, discurso analítico e como tal perceptível nessas formações familiares: sonhos, lapsos, atos falhos, sintomas; familiares porque sempre enigmáticas. Silêncio inconsciente do luto ignorado – luto de uma perda às vezes anterior ao nascimento do sujeito, luto de uma perda não verbalizada –, silêncio inconsciente do luto "foracluído", do luto de um dos pais, luto que o sujeito não pôde fazer, luto impossível de uma perda não simbolizável, devido à morte ou desaparição prematura de um dos pais não ter dado "lugar" ao luto do outro, durante toda a primeira infância do sujeito. Buraco no Real sobre o qual Imaginário e Simbólico vão lançar pontes mais ou menos frágeis, mais ou menos resistentes. Pontes sobre o abismo. Um Buraco: à falta de ser (*l'être*), a palavra (*lettre*) falta. Um "buraco da memória". Uma perda atual – a de um ser fantasiado como "parte" de si – vem percutir o luto longínquo no tempo interior, luto mantido em ignorância.

Tempo interior: uma memória parada, memória que tinha conservado "no presente" a catástrofe primeira. Nesse tempo interior o espaço fora abolido, o tempo estava parado no acontecimento vivido. A realidade da perda e suas consequências estavam recusadas: invólucro de silêncio.

Numa aceleração fulminante, o luto mais recente provoca a colisão completa do Tempo: o muro levantado pelo silêncio vem abaixo. Ou, da mesma forma, a tumba cavada pelo silêncio se abre...

Morte do ente amado, do ente que acompanhava minha vida, com quem a adolescência se prolongava indefinidamente. Morte do pai que me deu seu nome e do qual fiz meu, nome e família. Essas duas mortes aconteceram com oito anos de intervalo: descobri, num meandro do tratamento analítico, que eu as vivia como absolutamente contemporâneas. Como num lapso, oito anos "escorregavam" e esse bloco de tempo que caía faria saltar a tranca imposta pelo silêncio sobre o primeiro luto, o mais antigo, o primeiro.

De fato, numa progressão brutal, numa inesperada viagem para trás, aconteceram decomposição, fragmentação e, no entanto, totalidade de um vivido jamais "pensado" como tal. Essas percepções, contraditórias em aparência, certamente deveram sua compatibilidade à qualidade de "marcha-à-ré" que havia nesse súbito deslocamento do Tempo. Deslocamento que, no tratamento analítico, iria a partir de agora conjugar o trabalho do luto atual ao trabalho do luto outrora "inter-dito".

A morte do pai genitor e a separação da mãe na primeira infância tinham sido contemporâneas. Um luto – duplo, mas único – (jogo de um dois que se tornava um) re-atualizava assim um luto cuja coalescência conservada se vira impedida de vir à luz da palavra devido ao silêncio que envolvera a morte do primeiro pai. Nesse silêncio se conservava a negação da perda. A negação de duas perdas. O "primeiro objeto" – a mãe – iria se conservar, alucinado. A privação – morte do pai – mascarou a castração. Porque dessa privação não se falou mais. Ao não falar à criança da desaparição, da ausência, ou seja, da vida, da presença do pai, a mãe e os de seu ambiente impunham à criança – mantida desde então afastada do domicílio materno em razão de imperativos materiais que bruscamente se abateram sobre a mãe – a única representação de sua própria existência compatível com a das existências que lhe faltaram ao mesmo tempo, a representação do Nada.

⋆

⋆ ⋆

Apelo neste momento a S. Resnik, que em sua obra *Personne et psychose* consagra um capítulo a "silêncio e comunicação".

Sua elaboração do silêncio do autista o leva a escrever: "Seu mundo interior é tão penoso, tão perseguidor ou caótico, que ele precisa fazê-lo calar-se, precisa escondê-lo negando a existência de um mundo interior 'habitado'." E acrescenta: "A onipotência nesse caso está a serviço da negação da realidade interior." Em seguida, alargando sua observação "para preservar os limites delineáveis, um eu que não está integrado, com uma falta de coerência interna e uma integridade frágil, se protege com essa fortaleza". Fortaleza, o silêncio se faz guardião do Nada: um silêncio de pedra, um silêncio da morte. Ao buraco no Real – morte do pai – se superpunha um buraco no Imaginário: antes de ser consolidada, a imagem do corpo próprio viu-se esvaziada do corpo da mãe, e mais exatamente carregada, retida no corpo da mãe. Para arrebatamento da criança.

O Simbólico não podia senão ser aspirado sem cessar: um esquecimento ativo recobre todo traço, não somente daquilo que se passou, mas igualmente daquilo que presente, *hic et nunc*, sem via de acesso, não poderia vir sob (*venir sous*), nem fazer sobre-vir (*sous-venir*).* Acontecimentos e saberes se

* Os verbos *venir sous* e *sous venir* usados nesta passagem evocam o termo *souvenir*, seja como verbo, seja como substantivo: lembrar, lembrança. (N.T.)

engolfam, segundo o modelo do evento e do saber originais aos quais faltou o significante de uma falta.

Buraco sem inscrição, sem retenção – que aqui se entenda barragem ou divisão – e por consequência sem palavra, a não ser a da denegação pela qual a palavra que nega – que nega o Buraco – não cessa de afirmá-lo, ao matar a palavra plena. Palavra plena, silêncio prenhe dessa palavra ainda não nascida, ou com tanta frequência abortada.

No silêncio inconsciente o Imaginário não cessará de se desdobrar, e um Simbólico singular de se desenvolver. O Imaginário do corpo: errante sem sepultura, a morte vai eleger domicílio no corpo do sujeito desde então entregue ao questionamento mais ou menos dramático da conversão histérica, da doença psicossomática, ou da hipocondria; domicílio que nem por ter sido ocupado à revelia do sujeito é menos amado: amado seu sofrimento, sua dor, gozo, chamado então de gozo do órgão. O Simbólico do Nome próprio que da letra – inscrição inalienável – faz a cifra da falta, letra que a criança aléxica não vê, ou que a criança ávida de leitura busca sem descanso, esse Simbólico, por ser do Nome perdido, não cessa de se confundir com o Imaginário pelo qual se toma ou se enleva. No ódio ou no amor das palavras que fracassam como significantes. Silêncio fértil. Silêncio eloquente: da dislexia à afânise, as palavras desse silêncio ensurdecem.

Uma aluna de primário, lembrando os que falam para não dizer nada, escrevia recentemente: "Eles quebram o silêncio vazio com palavras ocas." Ela havia assinalado antes a singularidade da ação de romper ou cortar que, aplicada ao silêncio, faz desse último uma coisa, "um pão ou uma fita", dizia ela.

*
* *

O luto que não diz uma palavra escreve à sua maneira, que é a ausência de si mesmo, a presença da Coisa. E esse silêncio-coisa, longamente, só é rompido por palavras ocas, palavras-buracos também elas, nada mais que desprezo pelo Simbólico, fonte de nada mais que mal-entendido. Prisioneiro de um espaço fechado nas duas extremidades por um recalque, o primeiro não sabido, o recalque original, o segundo abortado, o recalque edipiano, o sujeito entre duas mortes, o sujeito entre dois simbólicos, impedido de permanência nos territórios do desejo, se vê "relegado" ao gozo Outro. O que faz silêncio é o que não fez sentido.

*
* *

Então para mim o silêncio figura como discurso: discurso inconsciente de uma demanda: demanda de que haja ser, de que nesse ser/substância/coisa o sujeito seja. Fora do campo do desejo, fora da diferenciação dos sexos, num tempo de antes de qualquer articulação verbal. E o que lá se esquece é o traço unário. A "pura diferença" que pode engendrar o significante primeiro está "reprimida"; partindo de um buraco, a cadeia significante só poderá ser incessantemente aspirada por esse buraco. O pai simbólico, nem morto nem vivo, permanece mudo, doente, e de um doente é preciso cuidar o tempo todo.

O silêncio do inconsciente se faz discurso numa recusa, num assassinato mesmo: o assassinato do desejo. A experiência precoce da morte se transmuta, por falta de cumprir o luto, em denegação da morte do grande Outro. O silêncio guardião do Nada se faz garantia do ao-menos Um: e assim é um lugar inexpugnável para Outro não-castrado, não-mortal.

*

* *

E. Jabés escreveu: "Foi-me poupado o Tempo... eu teria sido meu próprio sonho." A escolha do futuro anterior – familiar a M. Duras – priva o futuro de todo o porvir. Em novembro de 1977, ao falar do "momento de concluir", J. Lacan afirmava: "A ausência do tempo é uma coisa com que se sonha, é o que chamamos eternidade."

O deslocamento faz silêncio no Tempo por falta de travessia do espaço. A ação fica embutida: o sujeito não faz Ato. Pelo menos para si mesmo. Para os outros ele sempre é portador da pequena diferença que os leva a se reconhecerem e se distinguirem. Na palavra e na lei, ele dá imagem com seu corpo, com sua "presença", esta erotizada, aquele sofrido.

O discurso e a escrita, que o fazem visto pelos outros, o condenam à ausência de si mesmo: ele não pode ser – se ser – e se ter. Através de seu dito ou de seu escrito articula-se repetitivamente um significante que para ele permanece letra morta, ele a quem esse significante visa apagar, anular, para "encontrar o que há de real na origem, a saber, aquilo de que tudo isso é sinal" (Lacan).

Tal sujeito quer "*se ter*"(*s'avoir*),* ou seja, adquirir do exterior, o que *se é* (*s'est*) no interior, ou seja, obter de fora

* O destaque dado às formas verbais permite que a autora desperte a atenção do leitor para o jogo fonético aí incluído: "*s'avoir* (se ter) e "*savoir*"(saber); *s'est* (se é) e *sait* (sabe). (N.T.)

o assassinato em cujo dentro ele se protege. O assassinato da coisa, a queda do Nada – celebrada dentro do silêncio – na conta de dejeto. Calar esse assassinato, não querer saber de si para consigo, e ao mesmo tempo querer descobrir o cadáver – atrás de si ou num armário – não é querer *ter-se* sem perder Nada? Ambivalência do desejo que pode particularizar-se em ódio do desejo.

Ambivalência da articulação verbal ou escritural que do Texto, tecido pela voz ou pela página com uma libido de objeto, toma o próprio corpo, na queixa de uma anatomia fantasiosa ou de uma indiferença amnésica, ou do remorso vingador, ou do órgão de choque, como uma testemunha, quer dizer, submete a produção do sujeito à sua própria denegação, assegurando-se pela dor ou pela angústia da circulação dessa produção em impasse narcísico: o "Tu és isto" (*Tu es cela*) e o "Matar isto" (*Tuer cela*) sincronicamente proferidos. Pronunciamento que encontra um eco familiar na queixa familiar "eu não tenho Nada", "eu não sou Nada", que pode ser ouvida, duas negações equivalendo a uma afirmação, como: Tenho. Sou. O Nada vem *perversamente* desviar a Dívida e evitar qualquer pagamento ao grande Outro.

Na relação com o analista, não se introduz o pagamento como obstáculo a ser amado por Nada, obstáculo a um desvio do desejo em demanda, obstáculo a um retorno ao gozo antefálico? O tratamento impõe uma direção: "ser amado por Nada", essa demanda se vê sempre corrigida pelo horizonte do dinheiro dado! "De Nada": ao remeter tanto à gratuidade quanto à inutilidade, essa expressão, em seu equívoco ("temos necessidade do equívoco para a análise, pois o equívoco é, em seguida, vertente para o sexo", lembrava Lacan, sempre no "momento de concluir") não é eloquente ao nos apontar aquilo que no silêncio guardião do Nada compete ao gozo Outro?

★

★ ★

No impasse de um fora sem dentro, ou de um dentro sem fora, o Imaginário se desdobra numa topologia impossível: a do invólucro vazio ou a do cheio sem bordas. Topologia secreta que faz do corpo próprio uma mucosa sensitiva, indiferenciada, um "soma" sensível como uma placa fotográfica.

Domicílio de quem erra sem sepultura, domicílio à revelia, o sujeito se assegurou da propriedade desse domicílio pela dor, em geral enigmática, pelo gozo dito de órgão, pelo sono e pelo gozo Outro que o subtraem a toda parada, toda competição, toda vigilância, ou seja, a todos os limites. Queixa, sono, gozo: liberado do silêncio tão somente por eles, o sujeito poderia tomar a palavra, mas uma palavra que jamais o conduziria a nada mais do que à ausência de si mesmo e à Coisa, cujo silêncio inconsciente guarda o Nada.

Desse Nada do ser desaparecido no próprio brilho de sua grandeza, desse Nada "que não tem mais nome em lugar nenhum", Bossuet fazia oração. Ora, esse nome, para sempre secreto, longe de não estar em parte alguma, não descobrimos, a favor do discurso da análise, que ele é parte de nós, englobado que está em nosso corpo? Letra do inconsciente. Cifra da falta da voz. Paciência do vazio.

★

★ ★

A fulguração linguística do laço entre a Coisa, o Real e o Nada, no silêncio que cala um luto, eu deixaria essa fulguração à cultura de estilete de Lacan que na "Instância da letra" percorre um surpreendente trajeto etimológico: "Se formos à linguagem para pegar a constituição do objeto, seremos obrigados a constatar que ela só se encontra ao nível do conceito, bem diferente de algum nominativo, e que 'a coisa', ao se reduzir ao nome, se abre em duplo raio divergente na causa onde ela se abrigou em nossa língua e no nada a quem ela abandona sua veste latina-(*rem*)."[1]

Eu me contentaria em acrescentar, esse mesmo Rem que permaneceu no Real... em silêncio.

Debate

Chantal Maillet, Alain Didier-Weill

C. Maillet – Ao escutar as intervenções, me ocorre uma questão surgida da prática e que se poderia formular da seguinte maneira: nesses momentos em que se lida com o silêncio da foraclusão e não o do recalque, como levar o outro a sonhar, como fazer para que a árvore encontre – segundo uma imagem de Lacan – suas raízes de sonho? Fazer surgir na transferência alguma coisa que jamais aconteceu é profundo e complicado. Eu traduziria assim: é preciso que, pelo viés da escrita, "escrevo como se a escrita fosse um retorno de fora e não uma produção de pensamentos", é preciso que por esse viés (ou por algum outro) o analista invente. A posição ética do psicanalista requer essa invenção para que o desejo surja. Eu situaria nessa espera de um desejo as solidões paralelas do analista e do analisando que como retas paralelas acabarão se cruzando num ponto infinito; gostaria de chamar esse ponto de desejo.

A. Didier-Weill – Da intervenção que ouvimos extraio questões que proponho ao auditório. Da exposição de J. Moulin retenho o ponto de que um luto histórico teria o poder de remeter a outro luto antecedente, que penso poder qualificar de a-histórico: luto de estrutura. Que acontece quando um luto real, como o que ela nos conta, não se cumpre? Por exemplo, quando uma criança não teve a possibilidade de simbolizar um luto do qual não lhe falaram. Acontece que ao silêncio sobre esse luto o ser responde por um silêncio de morte, quer dizer, uma posição em que o sujeito se situa como um morto-vivo. Mas qual é o sofrimento de um morto-vivo? Imagine um ser que não tem sepultura, um ser cujo sofrimento não se liga ao fato de não poder mais viver, mas ao fato de não poder morrer, de ser indestrutível. Essa história permite encaminharmo-nos ao sofrimento do analisando. Geralmente percebemos o quanto ele sofre por não poder entrar na vida; talvez seja necessário tomar as coisas de forma mais profunda e compreender que há um sofrimento mais radical que acontece a um sujeito quando não lhe é dado morrer e como morto-vivo ele geme por não ter sepultura, por estar fadado a deambular. Minha hipótese é que um luto histórico é traumático, não pode ser feito, quando tem o poder de acordar um luto de estrutura tal como se encontra na origem dos tempos. O que nos introduz no vivente, na vida, é o sucesso em fazer um luto que não é histórico e sim a-histórico. Que luto é esse? Por que tal luto nos faz entrar na vida? Esse luto, se algo trespassa, é o que permite que algo passe. Quando se diz: "Algo se passa", é que algo pode passar na origem. Se pensarem no tempo que passa quando estamos deprimidos e objetivamos a morte na depressão, verão que o sintoma maior é que não se passa mais nada, que o tempo cessa de passar, pois o tempo não passa por si só. Para que o tempo possa pulsar, é preciso efetivamente que esse luto originário tenha podido se instaurar pela subjetivação da morte; que um silêncio originário se tenha instaurado. A função desse silêncio é ter o poder de apagar a palavra; é por isso que diremos que esse silêncio originário tem relação com o silêncio da pulsão de morte. A insistência da pulsão de morte é insistência de quê? É insistência de que a existência advenha, a existência do simbólico. De forma que há um conflito entre a insistência da pulsão de morte e a existência do simbólico, conflito que a tradição em geral quis ocultar colocando aí uma harmonia, harmonia da relação sexual entre o feminino e o masculino. O silêncio enigmático geralmente atribuído à mulher situa-se do lado dessa insistência; pelo saber silencioso que introduz, o homem é puxado e requisitado a existir. "Não há relação sexual", isso quer dizer, entre outras coisas, que não há relação entre a insistência da pulsão de morte e a existência do simbólico. Eis a questão que me veio, ao escutar J. Moulin.

C. Maillet – Retomo a palavra sobre a questão da invenção no psicanalista. Como chegar a que o analista esteja para que fale o outro "Eu", da enunciação? Será preciso para isso que o analista arrisque sua voz, a voz do Outro, e que ele a arrisque na insignificância. "Inventar" é isso, não é fazer teorias complicadas, não é produzir não sei que sentido, mas arriscar sua voz na insignificância. Assim o silêncio do "Eu" induz um silêncio de outra qualidade, qualidade de real, sobre cujo fundo pode emergir a voz inesperada do Outro. É o que chamo de "inventar".

v. O Silêncio do Psicanalista

O mutismo da criança autista: uma promessa de silêncio?

François-Daniel Villa

> Somente o discurso verdadeiro possibilita o silêncio autêntico.
>
> M. Heidegger

Não sairei do silêncio, diz ele, a não ser na esperança de dar a palavra a outro encontrado numa ausência de encontro, a outro que conservou em mim a presença silenciosa do enigma. Esse silêncio convoca minha palavra; pela convocação, eis que sou obrigado a me apresentar no próprio lugar de onde ela me veio. Mas conseguirei me deixar levar, conseguirei levá-lo ao lugar da palavra, lugar "onde já nos encontramos"?

Como falar daquilo que se encontra na experiência extrema de um não-encontro, como poder reconhecer que nesse ponto o valor de enigma da linguagem é levado a seu extremo – "à origem não falante do que chama pela palavra e que, no mais alto nível, onde tudo é silêncio, 'não fala, não esconde, mas significa'"?[1]

Na beira de sua declaração, uma última hesitação fez tremular sua voz, foi-lhe imposta uma pausa – Tomado pelo furor de raciocínio da paixão teórica, não iria violar o limiar? Iria sacrificar esse encontro no altar do deus Apolo, portador da palavra unificada, deus da luz? Poderia ao falar deixar o lugar para o desdobramento da "duplicidade délfica"?[2]

Volta-lhe à memória a metáfora umbilical que surge sob a pena de Freud na *Interpretação dos sonhos.*[3] O umbigo, ponto por onde o sonho se liga ao desconhecido, parece o ponto em que o analista deve renunciar à paixão interpretativa; deve respeitá-lo como tal. Por isso mesmo, a interpretação não poderá se resolver numa síntese, ela permite distinguir um ponto mais denso numa estrutura reticular, que se dá a entender como "o voto que se eleva como um cogumelo de seu micélio". Do umbigo, ponto paradoxal, se eleva "uma injunção ao silêncio",[4] a palavra na palavra, e a palavra que se esquecera como palavra encontra em sua origem de silêncio uma palavra que não quer e não pode dizer mais nada, mas que nem por isso deixa de se dar a ouvir como desejo.

Mas será que ele vai enfim falar da criança autista? No entanto ele pensava não ter feito outra coisa desde o início de sua fala. De nada mais falo senão dessa criança, das que encontrei e ainda encontro. Elas têm rostos que nunca se reduzem aos traços, rostos que são como janelas abertas para um alhures que uma vez entrevisto, não volta jamais a cair no esquecimento. Elas têm nomes, prenomes que as carregam, bem mais do que elas aos nomes. E vêm as lembranças de sessões passadas e das sessões por vir. E cada um desses encontros é como um ponto umbilical. Então o psicanalista sabe que quer tentar deixar que se ouça o que aconteceu nesse ponto, para que suba até ele, até você, a questão que delas nos vem. Uma questão que, mais do que uma resposta, busca um espaço que lhe permita desenrolar-se numa palavra até ali impossível.

Basta pronunciar as palavras "criança autista" para que ocorra um cortejo de imagens, para que se delineie a empresa da fascinação. Fala-se dela como de um mágico onipotente, como o hóspede de um mundo inanimado. Pensa-se seu universo como impenetrável, incompreensível. Compara-se-a a um anjo, evoca-se sua beleza. Será tida por isenta da necessidade da ilusão da comunicação. Parecerá estar na superfície de nosso mundo em "contato direto" com alguma coisa que nos escapa e que a mantém indiferente ao nosso mundo e aos humanos.

Seu mutismo sempre nos impressiona. No entanto, mesmo que não nos fale, ainda quando fala, não deixa de nos falar algo, e isso nos faz falar. Esse mutismo pelo qual se recusa a nós e a nosso mundo não está, no entanto fora da linguagem. Ao traçar o limite da linguagem, ele especifica sua condição. Estará a criança autista no limiar do mundo, do nosso mundo, esse limiar umbilical onde as coisas e o mundo se separam, mas onde ainda estão juntos sem, no entanto serem indistintos? Se assim fosse, a criança autista realizaria o impossível.

Uma nova hesitação toma o analista, um novo recuo se produz. Vai continuar a falar? Entretanto ele bem sabia que desde que se trate de falar do caminho feito com uma criança autista ou de apresentar as reflexões que suscita, não estamos mais seguros nem de quem, nem de que falamos... Sem dúvida e antes de tudo, repitamos, trata-se do testemunho de uma aventura. A aventura de um clínico às voltas com o mistério do autismo, certamente; mas também às voltas com a concepção que ele tem da psicanálise e com as reações que chamamos de pessoais. Nada mais comum, dirão vocês, pois não é sempre assim? Sem dúvida. Mas aqui o relevo que isso toma é maior, devido ao mutismo.

Face ao autismo, em face de seu mutismo, nós funcionamos ou na fascinação, hipnotizados, engolfados numa espécie de depauperamento, ou nos defendemos da fascinação e da ansiedade, da angústia às vezes; projetamos nosso sistema imaginário de compreensão e de expressão. Tanto num caso quanto no outro, o material não é produzido pela criança autista, é o material que o encontro com essa criança põe para fora de mim e que me põe fora de mim. O tom tinha mudado, estava mudando, talvez o analista devesse se calar, talvez já tivesse falado demais.

Uma passagem de F. Perrier, de 1958, parece falar do que falamos. Cito-a: "Dizendo de outra maneira, falar de uma terapia de esquizofrênico talvez seja antes de tudo não pretender assinar seu nome senão numa reconstrução imaginária da doença através das fantasias simbolizadas, portanto protetoras, que se teve de criar para continuar sendo si mesmo quando se quer ser o portador da palavra desse personagem que não fala a ninguém."[5]

Mas dizer que o material produzido e o nome que se assina são meus parece-me que seria desconhecer as condições da produção por acreditar que não determinam a produção, seria desconhecer a transferência. Um movimento de espanto se produz com essa última palavra, psicose e autismo não se caracterizam pela impossibilidade da transferência? Sim, ainda que isso não seja tão simples e talvez não se apresente da mesma maneira no autismo e na psicose. Teremos ocasião de voltar a isso.

A transferência evocada aqui é a do terapeuta, manifesta-se no e pelo material posto para fora de si e que lhe volta do lugar que para ele ocupa a criança autista. Quando o analista fala de transferência, ele a entende como o fenômeno que caracteriza a situação na qual paciente e analista estão incluídos. Ele retoma por sua conta o que Lacan traz sobre a questão da transferência no *Seminário 11*. Ele sabe que não se pode mais fazer como se a transferência fosse apenas o desejo do paciente. O trabalho de Lacan permitiu entender o que Freud queria dizer ao escrever que ninguém poderia ser morto *in absentia, in effigie*. A transferência não é "a sombra de alguma coisa anteriormente vivida", não é pura repetição de tal ou qual evento, tal ou qual relação situada no passado. É a possível presentificação de alguma coisa que está na origem do humano, é a possibilidade do desvelamento dos modos permanentes pelos quais o sujeito constitui seus objetos. Lacan escreve: "A transferência é isolamento no atual do funcionamento puro dos antigos engodos do amor." Quanto ao psicanalista, ele encara essa pureza com ceticismo, tanto mais que, como o próprio Lacan destaca, a transferência aparece como o desejo do paciente, sim, "mas no encontro com o desejo do analista". Isso constitui a primeira observação que eu gostaria de fazer a propósito de meu manejo do conceito de transferência. A segunda é uma decorrência: pensar assim torna caduco o recurso a um conceito como o de contratransferência. A transferência é única, embora bipolar, assimétrica, é tensão, intercepção, inseminação e disseminação. Em resumo, um bocado de impurezas. Fica implícito que não tomamos o conceito de transferência num sentido amplo, englobando a personalidade e os humores do analista, mas em sentido restrito, falamos tão somente dos processos inconscientes, únicos a trabalhar a relação, tanto do lado do analista quanto do lado do paciente. Os processos inconscientes agem em silêncio, insistem silenciosamente em se fazerem ouvir.

A transferência de que falamos, a que acontece no encontro com a criança autista, é a transferência do terapeuta para a criança. Não é de natureza diferente da do tratamento padrão. Mas tem, no entanto, uma característica: *ela se desenrola sem poder incluir o paciente.* Essa ausência de alguém num dos polos introduz uma questão: Que desejo encontrou nosso desejo para que haja transferência?

Diante do mutismo às vezes acontece, comigo aconteceu, de manifestar-se um "ativismo terapêutico" que nada mais visa do que nos proteger, nos mascarar e nos arrancar do trabalho que em nós se opera em presença da criança autista. Esse ativismo é ruído que se opõe à vinda do silêncio. Sem intenção, ele tende a constituir a criança autista, sob pretexto de observação clínica, numa série de gestos, de comportamentos, de repetições. Esse procedimento, por incúria do pensamento, não passa de uma redução da criança autista a uma soma de sinais não-creditados de um porvir de palavra.

Assim reificada, a criança pode se tornar objeto colocado no lugar de ideal do ego, para aquele que naquele momento já não está em posição de terapeuta. A relação torna-se uma multidão a dois e surgem o barulho e o furor do mundo, enquanto se instala uma relação hipnótica que mascara a transferência.

Tomar o mutismo por silêncio participaria do mesmo movimento de fascinação. O mutismo não deve ser pensado e ouvido como uma paródia na qual se revelaria a tentativa de encarnar a Coisa em seu silêncio, como uma promessa de silêncio?

Avancei num trabalho anterior[6] que a "escolha" da criança autista era de identificar-se com o vazio deixado pelo encontro da Coisa, tentativa de fixar para toda a eternidade e como tendo acontecido de uma vez por todas o instante desse encontro. Eu escrevia que, se assim fosse, "estaríamos, enquanto sujeitos, recolocados na presença do momento fundador: impelidos pela criança autista a não nos esquecermos, não recalcarmos, não foracluirmos".

Seu mutismo esvaziaria nossa palavra a ponto de fazer ressoar nela o silêncio que a carrega. Ele nos imporia uma "repetição" da origem e uma repetição dos meios acionados para fugir, outrora e sempre, desse evento. Estaria aí a fonte de nossa transferência, assim presente também em sua dimensão de resistência.

Não se deve pensar a origem de que falo como um ponto exato situado no passado, constituído de tal ou qual acontecimento determinado. Falo de uma operação pela qual o sujeito se origina, operação que justamente não pode ter acontecido de uma vez por todas. Ela é origem não por ser o que se passou, mas por se repetir, e por se realizar apenas nessa repetição. Ela é esse momento sobre o qual não se pode dizer o que Marx dizia a propósito da humanidade: que ela só faria as perguntas que pudesse responder; quanto ao homem, ele só encontra perguntas que sempre excedem as respostas produzidas: aí está o que faz trauma.

O encontro da Coisa é dessa natureza, experiência onde se constitui o Outro por sua ausência, experiência de dor, rara e refinada dor. Rilke parece nos falar desse encontro, experiência estética e lugar de surgimento do grito, na primeira *Elegia de Duíno*:[7]

> Sim, se eu gritasse quem ouviria meu grito
> em meio às hierarquias
> dos Anjos? E assim seria, mesmo que um deles
> de súbito me estreitasse contra seu peito: forte demais
> seria sua presença
> e eu sucumbiria. Pois o Belo nada mais é que o
> começo do terrível, que neste grau mal conseguimos suportar;
> e se o admiramos, e tanto, é que por desdém ele deixa de nos aniquilar.
> Todo Anjo é terrível.

Que a Coisa que nos significou nosso desejo não responda a nosso grito, que a ele se siga unicamente o silêncio, nos mergulha em pavor e desgraça. Esse encontro com o desdém do acaso nos faz filhos da Ausência e do Silêncio. Que nos precipitemos no ruído e no furor do mundo para "esquecer", isto não impede que o trabalho da repetição subsista. Através dela reencontramos o que é próprio enquanto anterior a toda propriedade. O próprio que a Coisa deixou em nós. O próprio pelo qual nos engajamos no processo metonímico para escapar ao sofrimento, à angústia. Processo metonímico que só o silêncio tem o poder de fazer parar.

Do encontro com a Coisa que tornou possível o mundo poderíamos dizer o que Blanchot escreve: ele é "a circunstância fulgurante pela qual a criança estarrecida vê – como num espetáculo – o assassinato feliz de si mesma que lhe dá o silêncio da palavra".

Ele parou, deixando que a forma impessoal ecoasse. Falava de nosso destino, do destino da neurose, mas e o destino do autismo?

Ele aparece como um luto impossível do sujeito, como uma aceitação impossível da função significante, recusa do sujeito como dividido, recusa da afânise que faz com que o sujeito, ao aparecer num lugar como sentido, manifeste-se alhures como desaparição. Recusa do luto que também é renúncia a fazer com que o outro a quem se perdeu suporte o mal, é cessar de acusá-lo.

O luto se cumpre por identificação parcial com o que foi perdido, o ego sai enriquecido e o objeto de alguma forma salvo no ego possibilita novos investimentos. A melancolia estudada por Freud em *Luto e melancolia* às vezes se instala quando o luto se faz impossível. Ela se caracteriza por uma depressão profundamente dolorosa, por uma suspensão do interesse pelo mundo, pela perda da capacidade de amar, inibição de toda atividade e diminuição do sentimento de si.

Freud reconstitui da seguinte maneira o processo melancólico, ou identificação narcísica: "Havia anteriormente uma escolha de objeto, uma ligação da libido a uma determinada pessoa; sob a influência de um prejuízo real ou de uma decepção da parte da pessoa amada, essa relação foi abalada. O resultado não foi o que normalmente se esperaria, a saber: uma retirada da libido desse objeto e seu deslocamento sobre um novo objeto, mas um resultado diferente, que parece exigir várias condições para se produzir. O investimento do objeto mostrou-se pouco resistente, foi suprimido, mas a libido livre não se deslocou sobre outro objeto, retirou-se no ego... onde serviu para estabelecer uma identificação do ego com o objeto abandonado. A sombra do objeto tomba assim sobre o ego que pode então ser julgado por uma instância particular como o objeto abandonado. A perda do objeto torna-se uma perda do ego."[8]

Em que podemos nos servir para o autismo, da referência à melancolia? Do encontro da Coisa, a criança é capaz de conceber um recurso que pelo menos em parte irá arrancá-la do sofrimento. Nesse ponto a concepção do objeto se torna possível. Segundo Winnicott, não se pode dizer que a criança saiba desde o início o que está ali para ser criado. É nesse ponto que entra a mãe e se propõe como objeto e como desejo.

O encontro da Coisa possibilita uma libido de objeto. Na criança autista, por razões que permanecem enigmáticas e que seguramente não são puramente causais (como: mãe do autista, por exemplo), essa libido de objeto toma o ego por objeto desde o início. Houve um movimento que tendia à criação de um objeto, mas não foi levado a termo, não se estabeleceu uma primeira transferência. Que o movimento foi esboçado me parece estar indicado pelo fato de que a criança autista quase sempre começou a falar, teve "uma floração da linguagem", depois tudo cessou. Mas nenhum dos objetos presentes no ambiente foi julgado digno de ser erigido em substituto da Coisa. Dessa indignidade dos objetos se engendraria, ao mesmo tempo, a tentativa de uma parte do ego de se identificar com a Coisa e a de fazer desaparecer a outra parte do ego (aquela que na melancolia é instituída em instância crítica).

O desmoronamento dessa outra parte do ego o reduziria *a mínima* (origem do sentimento de que a criança autista não tem ego) e o colocaria numa posição de contemplação, subjugado como estaria pela parte identificada com a Coisa. Parte indigna em vista da Coisa, indignidade que a automutilação tentaria suprimir. A raiva do autista contra si mesmo seria o testemunho de uma constatação: os objetos do ambiente não são dignos de substituir a Coisa. A raiva seria ódio do deslocamento que, de novo, seria virtualmente possível.

Se o melancólico sabe *quem* ele perdeu, mas não sabe *o que* ele perdeu, a criança autista, por sua vez, não teria perdido ninguém, pois nunca encontrou ninguém, mas "saberia" o que não quer perder.

Em todas as psicoses existe o *quem*; o que se perdeu é a relação deste *quem* com aquilo cujo lugar ele ocupa: a foraclusão é ruptura da transferência, ruptura da relação. No autismo não se teria jamais produzido relação nem transferência, de onde resultaria o que chamo de uma "não-inaptidão" para a transferência. Talvez esteja aí o motor de nossa intervenção.

Indicamos que somos arrastados pela criança autista num movimento de repetição de nossa origem. A criança autista faz ressoar em nós o apelo do que ainda não aconteceu, na falência do que já aconteceu. A transferência é manifestação de nossa resistência em determinar suas dimensões. No entanto, em nossa capacidade de acolher em sua presença a palavra plena de silêncio, pois é disso que a esvaziamos, parece residir o que pode conduzi-la a deixar de querer ser a Coisa, para que esta viva no significante que a deposita no oco do silêncio da palavra, no mesmo momento em que a nega. Esse trabalho que em nós se desenrola mostra que falar não é matar a Coisa; por desvios necessários, é afirmar a Coisa como o que nos conduz e que é indestrutível. Parafraseando Blanchot, eu diria que encontrando o silêncio que carrega nossa palavra e acolhendo sua obra em nós, nos ofereceríamos como o caminho pelo qual pode se constituir um lugar para a criança autista, onde a resposta do objeto não seria a infelicidade da questão do desejo, mas o meio de lhe deixar uma oportunidade de ser ouvida. O movimento da repetição aberto/fechado para a transferência não se daria sem uma relação com a criança que está lá. Aquilo que eu rememorasse, por ser a transferência o ponto de encontro, conteria também para a criança autista uma possível sobrevinda da rememoração, portanto de seu descolamento. A transferência como ativação do inconsciente passaria também por uma rememoração ativa do psicoterapeuta para o paciente, rememoração que não seria recuperação de uma história perdida, mas processo de produção de uma história, surgimento do poder vivo da nomeação como momento onde certamente as coisas e as palavras se separam, mas também estão juntas pelo silêncio.

Já é mais do que tempo de me interromper, o tempo que lhe era destinado se esgota, está na hora de ele assinar este texto com seu nome: Juan M.

O psicanalista à escuta do silêncio[1]

Liliane Zolty

"Não existe palavra sem resposta, mesmo quando só encontra o silêncio, desde que haja um ouvinte... *e esse é o centro de sua função na análise."*[2]

Vou partir do que Lacan escreveu para interrogar esse *ouvinte* do silêncio, que de antemão já adiantamos não ser nem o analista nem o paciente, mas sim *o lugar* que invoca e é invocado no espaço analítico.

Um nada para dizer

É Emmy von N. quem intima Freud a *se calar,* quando ele ainda utilizava a hipnose e a sugestão. Emmy von N. sofre de dores gástricas. Freud tem uma ideia sobre a origem dessas dores e lha comunica, salientando que as dores sempre acompanhavam os acessos de zoopsia... "Com muita reticência", escreve, "ela me responde que *não sabe nada disso.* Eu lhe dou até o dia seguinte para se lembrar. Ela me diz então, num tom muito áspero, que não devo sempre lhe perguntar de onde vem isso ou aquilo, mas deixá-la dizer o que *ela tem a dizer.* Eu consinto e ela prossegue, sem preâmbulo", acrescenta Freud sem ironia.[3]

Emmy von N. aponta a demanda de Freud, demanda de que ela confirme seu saber de médico sobre a origem de seus sintomas; ela se recusa a ocupar um lugar como objeto de uma teoria nascente. Responde a Freud que *não sabe nada disso* e reivindica esse nada a dizer, exortando Freud a se calar. Com isso ela abre o espaço da transferência. Desvia Freud de sua demanda de saber e lhe designa uma função particular na dinâmica do tratamento; pois o que ela tem a dizer, esse *nada a dizer*, esse nada que não deixa de se dizer, é bem isso o que ela pede.

Essa suspensão imposta ao analista é a única que pode levar a ouvir um necessário silêncio no tratamento, silêncio que, a exemplo de F. Perrier ao falar da música, nós qualificaremos de "vibração do real". A regra fundamental que ordena a palavra, acima de tudo ordena o silêncio que não é esquecimento, mas uma reaparição repetitiva e insistente, enquanto silêncio sempre presente na pulsação de seus contornos de linguagem.

O analista convoca um dizer no paciente, uma palavra que nada mais diria senão a perda que o faz falar, o ato que origina sua questão. A ética analítica interpela esse ponto extremo da experiência quando as palavras se esquivam de dizer a falta.

Os pacientes dizem a verdade quando dizem que não têm "nada a dizer", mas para encontrar esse "nada a dizer" é preciso falar. A arte do analista é bem a de solicitar a palavra até que se esgotem as "últimas miragens". O silêncio do analista convoca esse nada a dizer. Não é uma demissão nem uma ausência, e o silêncio que instaura não é um vazio, mas uma "outra presença num silêncio compartilhado".

Em análise trata-se de falar para *criar* o silêncio, pois, assim como o grito funda o silêncio, unicamente a palavra lhe dá existência. Sem palavra pronunciada, um desenho de criança não *quer* dizer nada, um gesto fica perdido em sua intenção, um ato falho permanece realmente falho; pois só a palavra pode deixar nascer o silêncio que conferirá ao desenho, ao gesto ou ao ato falho seu valor de ato analítico.

O silêncio na análise é experiência cotidiana do não saber, da castração simbólica do analista, de sua ignorância equivalente à do paciente. Pelo silêncio, o analista suspende sua posição de saber, de compreensão, de julgamento. O analista não se abandona ao silêncio, mas se deixa levar por ele até a precipitação de um dizer. Essa suspensão favorece as derivações provocadas por uma escuta *flutuante*, porquanto o fluxo é portador e veículo desse Outro lugar que ele sustenta com sua *neutralidade*, a se entender etimologicamente: "não abolir" (*ne-uter*), nem a si, nem a seu paciente.

Um silêncio ruidoso

Falamos de silêncio e, no entanto, *não há experiência do silêncio*, esse ponto assintótico do não acontecido, ainda que tudo nos conduza a ele. Há uma experiência da palavra muda, aquela que ainda não foi proferida, parasitas turbilhonando em volta do objeto ausente, há o ruído ligado à dinâmica de cada objeto pulsional, e há também o do movimento no *corpo* do analista. Mais do que "silêncio do analista", trata-se de *silêncios do analista*, assim entendidos em sua agitação murmurante, silêncios que podem tomá-lo ao longo de uma sessão e que estão diretamente em fase com cada objeto pulsional em ação no analisando.

O silêncio do psicanalista convoca um Sujeito-suposto-Saber que o analisando vai encontrar em todos os lugares imaginários: estabelecimento da transferência. Mas o analista não pode senão ignorar os efeitos de seu silêncio. No entanto, o que o analista não sabe seu corpo comprova que ele não deixa de saber. O corpo *responde sempre*, quer ele fale ou se cale. O analista se mexe, boceja, faz palavras cruzadas, decide tomar notas, ou descansar, ou entregar-se à vida vegetativa; assim responde ele ao que experimenta em seu corpo que, no lugar solicitado como objeto parcial pelo analisando, se constitui como faltante. A esta falta, em resposta à solicitação do paciente, o analista reage por mascarar, preencher, reapropriando-se dessa parte corporal investida pelo paciente. Estabelece-se assim um jogo pulsional ritmado no movimento do tratamento. Acontece que o paciente agora questiona e se inquieta porque o analista parece afastar-se; é justo indicar-lhe então que isto não o impede de escutar.

No lugar do Outro, no corpo do analista, o analisando constitui esse objeto interior que é seu, mas do qual está separado; ele opera a *reversibilidade* ao se fazer, por sua vez, objeto para o outro, objeto que pode desencadear em fase no analista esse movimento em direção ao objeto em falta.

É nessa sobreposição, nesse *cruzamento pulsional silencioso*, que o analista pode enunciar, proveniente do Outro e atravessando seu corpo, uma palavra que seja verdadeira para ambos, unindo em sua verdade os dois que lá estão. Nesse cruzamento, do ruído do silêncio surge uma palavra vinda de outro lugar, mas na qual cada um, analisando ou analista, "reconhece a lei de seu ser".

Mas, se o corpo do analista é lugar de acolhida para o outro, ele é também fonte de embaraço, objeto que é de seus próprios jogos pulsionais; intimado algumas vezes a falar ou a restituir um escutado através de um dito, o analista pode hesitar. Em pane, sobrecarregado por um enunciado que, por não ter atingido o alvo do analisando em tempo justo, vem como construção; artifício, interjeição absurda ou saber doutrinário que o precipita em outro lugar.

É no corpo que ele recebe suas "falhas", parte integrante do tratamento. Acontece ao analista hesitar, pois não sabe como vai colocar a *voz* que revelará a posição de onde ele fala. A voz escapa ao corpo e articula o desprendimento. Se ele persiste em intervir fora do tempo lógico, sua voz o trai, ela treme, se faz pomposa, divaga, quando não surge simplesmente uma bobagem ou outra coisa no lugar do dito previsto. Pois a voz pulveriza as fronteiras entre o orgânico e o corpo da língua.

Ela é também neutra, não pertence nem a um nem a outro dos dois que lá estão,[4] mas abre nesse espaço o eco que se articula ao grande Outro. Abre à *ressonância* do dito, mas jamais se reduz ao *arrazoado* de um enunciado; no campo analítico, ela restitui o valor de um dito que ressoa ao se fazer interpretação, tanto para o analisando quanto para o analista.

No silêncio, o analisando toma o corpo do analista, o interior de seu corpo, o vivido de seu corpo, sua voz, seu alento, sua dinâmica motora, até o ponto do intolerável algumas vezes: o analista não sabe disso, mas ele efetua a perda agarrando-se a um imaginário que lhe restituiria sua integridade. Busca vã, pois o sim do analista ao inconsciente marca-o como perda assumida. Desde o início o analista se constitui a partir dessa subtração que ele ignora e que o liga à palavra de seu paciente.

Outro silêncio

A questão do sujeito na análise é atravessada pelo luto do objeto, objeto que se reveza no corpo do analista, de pedaço a pedaço, de acordo com cada uma de suas manifestações materiais; pois o analista não é uma efígie, mas um corpo real e, como diz Lacan: "Não basta que o analista suporte a função de Tirésias. É preciso ainda, como diz Apolinário, que ele tenha tetas."[5]

No final do tratamento, *outro silêncio* assinala a finalização da queda progressiva dos diferentes objetos pulsionais, e se instaura um *novo encontro* que enche o analisando de espanto, como se jamais tivesse visto seu analista. Ele lhe restitui seu ser particular através de um "era isso" que se acompanha de um "é apenas ele", marcando pela última vez o ato de separação.

Mais uma vez o analista confirma que com cada novo analisando se reencena a experiência de sua própria perda. Ao acolher e oferecer silêncio, ele permitiu a emergência do saber inconsciente na análise, e seu *corpo defendido*, atravessado pelo silêncio, põe à prova a efetivação de seu desejo que não cessa de se confrontar com a falta como falta.

Debate

Solange Nobécourt,
Jean-Pierre Dreyfuss,
Françoise Dolto

S. Nobécourt – É oportuno e de capital importância que se articule, no final deste colóquio, a questão da qualidade do silêncio do analista. Entre ouvir e escutar pode haver abismos que os fenomenologistas analisam judiciosamente; Barthes no-lo demonstra com grande sutileza, ao mostrar como o simbólico nos vem verdadeiramente pela orelha. Essa qualidade do silêncio nos confronta como analistas com a exigência de sermos seus procuradores com nosso corpo. No "Conselho aos médicos", Freud designou ao analista a função de operar como um receptor telefônico que, conectado com o inconsciente do paciente, recebe suas vibrações sonoras e as transforma graças à especificidade de sua escuta. Para ser procurador do silêncio com o corpo é necessário desimpedir-se. Este é um termo místico de são João da Cruz, a propósito dos caminhos possíveis para obter o recolhimento. Aprendam a se desimpedir de si mesmos, a se descentrar, como diria Lacan, pois não é só a operação de calar-se, mas de fazer calar em si a agitação imaginária e criar um espaço de vacuidade perfeitamente comparável às exigências musicais da ressonância apontada por L. Zolty.

É muito interessante tê-la ouvido dizer o quanto se aproxima e o quanto se distingue a ressonância (*résonance*), por um lado, e o raciocínio (*raisonnance*) da *ratio*, por outro. Enquanto psicanalistas, somos interpelados no ponto exato onde devemos retomar a função de criador de um espaço onde seja possível ressoar, onde a vibração silenciosa permitirá o surgimento de uma palavra viva e poderá se desenrolar sem topar em alguma coisa tão fosca ou tão fechada quanto o mutismo do túmulo ou a ausência do muro. Igualmente importante ter ouvido L. Zolty sustentar que o silêncio do analista é um silêncio vivo, constantemente remexido pelo acordar pulsional em atividade no corpo do analista. Sinto-me convocada por essa abertura, pois a produção de tal qualidade de escuta é exatamente todo o problema da formação do psicanalista e de sua iniciação nessa prática da escuta. Notemos que esse apelo a criar uma vacuidade suscetível de autorizar o nascimento de uma palavra verdadeira contrasta com este século XX pleno de ruído e furor, e transistores e rumores, no qual um instante de silêncio é um tesouro raríssimo.

Temos de redescobrir esta categoria específica do silêncio em sua autêntica exigência de ascese, e redescobrir isto exige precisamente um descolamento do próprio ego, como já foi dito, um modo de presença leve, mas totalmente continente e atenta. Nossas distrações e evasões são manchas em nosso trabalho de analista e devem ser consideradas como um efeito de mensagem inconsciente do paciente ou ainda como o combate entre a inércia e a evolução. Quanto à exposição de F. Villa, exigente e difícil, sensibilizou-nos a profundidade de seu trabalho e o pudor com que nos transmite esta mesma abertura que se encontra na poesia mística de são João da Cruz. Ele soube traduzir essa abertura no nível do tratamento como o desenrolar de um concerto silencioso e de uma solitude sonora.

J.-P. Dreyfuss – Gostaria de salientar o parentesco das duas exposições que acabamos de ouvir. De uma parte, a comunicação de F. Villa sobre um caso de autismo onde o sujeito se cala e o analista fala e, de outra parte, a de L. Zolty, onde o analista faz silêncio e o analisando faz seu trabalho. Acredito que é uma proximidade bastante exemplar que nos mostra como se efetua pelo silêncio de um – o analista – certo trabalho no outro, sem esquecer que é também o silêncio deste último que impõe tal trabalho ao analista. Isto aparece de forma radical no caso apresentado por F. Villa. Pode-se mesmo pensar que ele fez um verdadeiro trecho de análise com essa criança autista. Um aspecto faz ponte entre as duas exposições: a questão das origens. No caso de Emmy von N. trata-se em suma das origens da psicanálise, em que se vê o preço imposto a Freud pela injunção ao silêncio de Emmy von N. No caso da criança autista, poder-se-ia falar das origens do sujeito onde, dessa vez, é o silêncio da criança que obriga o analista à palavra.

Gostaria de salientar certo número de pontos que poderiam ser objeto de um debate: a questão do umbigo do sonho e sua relação com o mutismo e, em particular, a questão da bilateralidade da transferência ou da simetria da transferência, pois, escutando L. Zolty, ficar-se-ia tentado a correlacionar a regra fundamental, explicitamente transmitida ou não, com outra regra igualmente fundamental para uso do analista, que lhe diria para fazer silêncio.

S. Nobécourt – Desejo responder a questão da simetria, igualmente presente na exposição de L. Zolty. Essa transferência que não tem sujeito, que se desenrola entre dois polos pulsionais e entre dois indivíduos às voltas com suas ilusões, é uma transferência reversível. Tanto mais reversível quanto mais atinge o substrato pulsional precisamente não simbolizado e não simbolizável, na medida em que é a-histórico – como foi dito repetidamente hoje.

O testemunho muito belo de J. Moulin indica aquilo que pode ter sucesso numa análise, ao se buscar o a-histórico e ao se recusar todo discurso pervertido por um mutismo que mata a abertura e impede de viver. É muito importante constatar o quanto, pela qualidade de sua escuta, foi possível um analista suportar esse trabalho. Nem sempre é o caso.

F.-D. Villa – Quando J.-P. Dreyfuss avança que o silêncio de um outro leva a falar, quem é aquele que faz silêncio? Nem sempre o silêncio reside naquele que aparentemente se cala. Como lembra L. Zolty, o silêncio do analista era infinitamente ruidoso e ressoava ao nível do corpo do analista. Esse é o ponto em que as duas exposições se juntam. O que L. Zolty diz leva-nos a pensar numa repetição em ato, movimento do corpo do analista que se produz de maneira paroxística diante da criança autista. Por esse motivo, finalizando, eu faria do silêncio o ponto de encontro na experiência do tratamento.

F. Dolto – Gostaria de intervir a propósito das pulsões orais passivas sustentadas no silêncio de uma palavra que não se diz. É um silêncio inteiramente focalizado pela comunicação com outro, no qual a força de retenção de uma palavra se opõe às pulsões orais passivas do desejo de comunicar. Trata-se de uma comunicação através de um silêncio habitado por uma tensão pulsional. Essa espécie de silêncio é muito diferente do silêncio inerente às pulsões de morte que chamo de mutismo. Acredito que esta distinção das duas naturezas do silêncio – comunicativa e muda –, pode ser esclarecedora para nossa pesquisa. De que silêncio se trata quando o psicanalista se cala ou quando o paciente se cala? Ouso esperar que o silêncio do psicanalista não seja mutismo e não pertença às pulsões de morte do desejo do sujeito; o desejo do sujeito-analista deve estar orientado no sentido da comunicação com o paciente, haja ou não mediação da palavra. É claro que certos silêncios de nossos pacientes podem ser uma manifestação das pulsões de morte ou de "moribundagem" do desejo. Permitam-me esse neologismo para qualificar o processo de agonia do desejo sob o peso das pulsões de morte.

A distinção entre o silêncio do desejo e o mutismo das pulsões de morte pode ser ilustrada pela história clínica de duas crianças que encontrei há muito tempo. Um menino de 26 meses e uma menina de três meses, confiados à D.A.S.S. pela polícia após a prisão dos pais devido à arruaça noturna reiterada. Dois anos depois desse acontecimento, fui consultada pela creche da D.A.S.S. para cuidar dessas duas crianças. O menino tinha então quatro anos, e a menina mais de dois anos e meio, e jamais emitiam barulho, jamais choravam com barulho; ao cabo de alguns meses a creche consultou vários "otorrinos", pensando numa surdez. As crianças não eram bobas, mas nenhuma sonoridade saía delas, mesmo quando sentiam dor. Elas imitavam o grito, mas sempre em silêncio e sem vibração sonora. Eu fiquei num embaraço. Sem saber como reagir enquanto psicanalista – mas refletindo como psicanalista –, vi essas crianças se instalarem rapidamente na transferência e desenvolverem uma mímica de troca comunicativa, pelo menos no que tange ao menino, porque a menina não tinha o direito de se mover sem a permissão de seu irmão. Ao passo que este podia movimentar-se ou agitar-se, ela, ao contrário, devia limitar-se a ser a testemunha paralisada. Depois da prisão dos pais, as crianças não os haviam revisto e ignoravam toda a história. Decidi começar por contar-lhes o que eu sabia, graças ao dossiê. Mas logo percebi a inutilidade do conteúdo de minha fala. A única coisa que fez efeito foi o movimento de meus lábios enquanto eu falava. A me ver mexer os lábios, eles reproduziram o seguinte cenário: enquanto a menina manifestava uma vontade de agir, o menino tinha prazer em impedi-la, e ela, em troca, em ser impedida. Eu tinha a impressão de um acordo tácito entre irmão e irmã. Vendo essas crianças num processo de desestruturação e isolamento social, decidi finalmente reclamar ao juiz um encontro com os pais em presença da cuidadora. Meu pedido foi aceito e, no dia em que os pais vieram à consulta, produziu-se um fenômeno surpreendente: ao vê-los, as crianças puseram-se a gritar "Papai! Mamãe!" e se precipitaram em seus braços. Os gritos bem mostravam que estavam curados.

Ora, a questão é: O silêncio das crianças era silêncio desejante ou mutismo de pulsão de morte? Certamente era mutismo. Pois se tratava de um silêncio produzido pela ausência de um interlocutor valorizado, interiorizado ou não, mas que anteriormente lhes tinha permitido encontrar essa parte de si mesmos representada pelo sopro sonoro. Sabemos, com efeito, que quando choramos sozinhos estamos alertando não alguém externo, mas alguém introjetado.

Lembrei-me do caso dessas crianças para lhes mostrar o quanto o mutismo não é o silêncio. Precisamente em análise, quando um psicanalista se cala porque acredita que é necessário calar-se, ou porque é conduzido ao silêncio numa disponibilidade inteira, consciente e inconsciente, ao silêncio do analisando, seu silêncio só pode ser silêncio desejante oral ativo ou passivo. É um silêncio de desejo, muito diferente do mutismo das pulsões de morte. É evidente que o papel do psicanalista não é gozar com as pulsões de morte.

Crônica psicanalítica de um silêncio

J.-D. Nasio

Optei por não lhes apresentar um texto teórico sobre o silêncio, mas um fragmento de análise que o mostra em ação.[1] Na verdade não se trata da crônica de um único silêncio, mas de três. Há primeiro o silêncio da escuta que concentra o puro poder ouvir, querer ouvir, ser obrigado a ouvir. Silêncio não isento de ruído, no entanto, nem feito de vazio, mas pleno da voz do desejo do Outro, das imagens e das fantasias sonoras, dos pensamentos teóricos e das construções mentais que o psicanalista levanta e destrói em seguida. Há em seguida um segundo silêncio, o da pausa que pontua o relato do analisando e toma o valor significante de determinar em ato a posição subjetiva do paciente e, correlativamente, a do psicanalista. Há por fim um terceiro silêncio do qual falarei bem no início e bem no final desta crônica. Trata-se de um silêncio muito particular, alojado no seio da relação transferencial e que, para ser acolhido, requer uma orelha esticada até os limites do sentido. Não é o silêncio da escuta, mas aquele para o qual a escuta deve se abrir. Chamemo-lo de silêncio da transferência.

Esta crônica abrange um período de 18 horas. Começa com o final de uma sessão, prossegue com a discussão de um escrito de Freud sobre a histeria e termina na manhã do dia seguinte com a sessão que se seguiu.

★
★ ★

Termino a sessão, acompanho a paciente até a porta e lhe marco para o dia seguinte. Alguns minutos depois, deixando o consultório para buscar minha correspondência, surpreendo-me ao encontrá-la em lágrimas no patamar, ainda esperando o elevador. Nada na sessão fazia prever este desenlace. Olhando-a fugidiamente e vendo que chora, retenho por pudor meu gesto de sair e volto sobre meus passos. Exatamente neste momento uma viva impressão se impõe a mim, assim sonorizada: "Não vi alguém chorando, vi olhos chorando." E me escuto mais uma vez a repetir: "Vi olhos chorando." Mais tarde já me distanciara, instalado nas sessões dos outros analisandos; o esquecimento veio executar sua obra rotineira de tudo apagar.[2]

Laure é uma jovem que procurou análise há dois anos, em seguida ao suicídio de sua irmã. Naqueles tempos uma profunda tristeza, enxaquecas e vertigens eram os sinais de um luto por fazer.

★
★ ★

Naquela mesma noite eu devia comentar junto a colegas um artigo notável de Freud consagrado às paralisias histéricas (1893).[3] Eu tivera ocasião de apresentá-lo em outras circunstâncias, e todos os argumentos avançados naquele pequeno texto para explicar a origem das conversões histéricas me eram conhecidos. Por ocasião da discussão destacou-se, no entanto com mais nitidez do que anteriormente, uma proposição teórica que iria intervir no curso da análise de Laure. Mas, antes de me acercar dessa proposição, paremos um instante e sigamos o caminho freudiano nesse escrito.

Freud leva os psiquiatras a reconhecer que a natureza da lesão que determina a paralisia histérica não depende em nada da anatomia do sistema nervoso, ao contrário, é uma alteração bem definida, localizada numa outra anatomia muito especial, construída e reconstruída simbolicamente pela histeria. Essa anatomia recém-formada onde se localiza a lesão é um corpo bizarro eminentemente psíquico que resulta de uma recusa e de uma criação. Recusa primeiro, porque a histeria ignora e se aferra em ignorar o corpo oficial canonizado pela medicina da época. Criação em seguida, porque sobre essa recusa, esse "não querer saber nada" do saber médico já constituído, ela erige uma concepção bem dela do que é um corpo. No lugar da anatomia dos médicos, a histérica inventa um saber sobre o corpo, organiza *simbolicamente* o suporte anatômico de sua lesão, impregna-se dele e impregna seu corpo vivente. Mas quais são exatamente o lugar e a natureza da lesão que produz o sintoma de conversão? Para responder é preciso compreender, por um lado, que a anatomia simbólica da histeria não é feita de órgãos reunidos, mas de ideias reunidas, da reunião das diferentes ideias que a histérica tem sobre cada órgão; e, por outro lado, que um golpe no nível desse conjunto traduzir-se-á finalmente por uma paralisia efetiva. Admitindo-se que a anatomia da histeria é uma anatomia feita de ideias, se aceita a partir daí que a lesão que provoca a paralisia é uma lesão nas ideias, uma anomalia entre as ideias: tal ideia particular, porque particularmente investida de afeto, não consegue integrar-se no conjunto das ideias. A paralisia histérica de um braço, por exemplo, explicar-se-ia pela ruptura da relação entre a ideia de braço e as outras ideias. "A lesão seria, portanto, a abolição da acessibilidade associativa da concepção do braço. O braço se comporta como se não existisse para o jogo das associações."[4]

Não temos a intenção aqui de tirar todas as consequências da tese freudiana sobre a lesão da paralisia histérica. O que nos importa é colocar a ênfase sobre um problema bem definido que Freud se contenta tão somente em indicar. Ele nos conduzirá precisamente à proposição que reaparecerá mais tarde na análise de Laure. Coloquemos a questão: Com que material histérico ela modela seu corpo psíquico? E respondamos: Com as formas imaginárias que ela filtra através de sua superfície perceptiva sensível. Essas formas e as singularidades dessas formas, uma vez percebidas, carregarão de grande valor afetivo a ideia relativa a tal órgão particular. A ideia inacessível ao conjunto das outras ideias será inacessível porque uma forma imaginária veio investi-la, isolá-la e torná-la traumática. Mas, com todo rigor, não é a forma imaginária em si mesma que dá uma força traumática à ideia, mas a percepção sensível e inconsciente dessa forma. Tudo está lá, na percepção histérica das formas imaginárias; no fato de que é com o fálus, através do filtro do desejo sexual, que a histérica percebe os contornos, as cores e a textura dos objetos que toma emprestado ao meio ambiente imaginário. Até aqui empregamos o atributo de "simbólico" para designar o estatuto da anatomia psíquica construída pela histeria. Seria preciso na verdade discernir melhor as coisas e dizer agora que a anatomia é simbólica enquanto permanecermos na perspectiva de defini-la como um conjunto de ideias, mas que se torna fantasiosa se introduzirmos como acréscimo a pregnância da percepção fálica nas formas imaginárias que carregam cada uma das ideias.

Mas quais são essas formas imaginárias? Para Freud, a anatomia fantasiosa da histérica se calca sobre a concepção popular dos órgãos e do corpo em geral, por um lado; por outro, se funda em nossas percepções táteis e, sobretudo, visuais. O corpo popular, a representação popular do corpo que ensinou à histérica, sem que ela o saiba o que é um órgão, é o corpo de um figurino humano grosseiramente esboçado, primitivo, um pouco maciço, montado à maneira de uma roupa. De acordo com o corte e a arte do alfaiate, ela é talhada à moda da época e se deixa ver, tocar e palpar.[5] Macio, maleável e desmontável como um corpo de boneco de pano, ou simplesmente como uma boneca que se abraça, se sente e se destrói, é deste ser imaginário que a histérica se impregna. Uma singularidade, uma expressão fisionômica, um olhar, uma ferida ou uma mancha deste ser, que foi percebida e ganhou a importância afetiva de um trauma será talvez, a longo alcance, uma das causas do sintoma histérico. Desse ponto de vista, a célebre teoria do trauma da sedução na gênese da histeria deveria referir-se, indiretamente ao menos, a esse substrato material que uma boneca significa na vida de uma histérica. Se a sedução traumática por um adulto é a causa fantasiosa da histeria, seria preciso agora completar dizendo que a localização do trauma que afeta a histérica, os detalhes da cena de sedução, a região corporal traumatizada são elementos que parecem programados, já inscritos pela experiência prenhe da percepção das formas imaginárias.

A histérica não pode sofrer de um trauma que a boneca imaginária de sua infância já não tenha sofrido, pelo menos aproximativamente. Destacou-se assim a proposição que iria valer no curso da análise de Laure: diante do braço paralisado, por exemplo, o psicanalista remontará não somente à ideia "braço", mas também à personagem imaginária, boneca, roupa ou desenho, na qual foi percebido um traço singular, eventualmente localizado num braço, carregando afetivamente a dita ideia.

Observemos de passagem que, se aceitamos a importância do meio das formas imaginárias na determinação de uma conversão e talvez de outros sintomas, segue-se que as modalidades e a frequência das afecções histéricas dependem intimamente do imaginário que domina em tal época. Nossas histéricas de hoje jamais serão as histéricas de Charcot, entre outras coisas porque o imaginário de Charcot não é o nosso. As bonecas e os bonecos daquele tempo desapareceram, levando consigo as histéricas de antanho.[6]

*

* *

Na manhã seguinte retomei a poltrona de analista, um pouco influenciado pelas reflexões sobre o texto de Freud. Minha escuta, minha disposição para a escuta naquele dia estava, como toda escuta, parcialmente saturada: não se escuta senão o que se diz em nós, e escutar bem o outro significa afinal dizer justamente o que é preciso para que ele deixe surgir seu próprio dizer.[7] Eu tinha ficado com a conclusão tirada da discussão da noite, de que, diante de um sintoma, era necessário remontar às bonecas originárias e a seus significantes que poderiam ter intervindo na formação desse sintoma. E na observação de que a incidência dessas bonecas traumatizantes não deveria limitar-se exclusivamente à histeria, mas talvez à produção de todo sintoma em geral.

Naquela manhã, com tal disposição, recebi Laure e, ao vê-la instalar-se sobre o divã, recordei-me subitamente da impressão da véspera, por ocasião do encontro no patamar: "Vi olhos chorando." Desde o início a analisanda evocou, sem nenhuma nota dramática, as lágrimas que se seguiram ao fim da última sessão. Apesar da alusão à cena do patamar, eu não pensava no momento em lhe falar do olhar que me tocara. Enquanto ela falava meu pensamento já não estava nas bonecas da teoria com a qual me dispusera a ouvi-la; eu estava muito tomado pela lembrança de minha impressão. No entanto, escutando-a e me escutando dizer – em silêncio – que eu tinha visto olhos chorarem, reapareceu meu interesse teórico pelas personagens imaginárias portadoras de um significante que intervém na formação de um sintoma. Esse interesse traduziu-se então numa pergunta que eu formulava a mim mesmo da seguinte forma: E se os olhos que se impuseram a mim, destacados da pessoa da analisanda, autônomos e ocupando todo o campo de minha visão, remetessem a olhos de bonecas que Laure pequena tivesse talvez amado? Numa virada da sessão avanço minha pergunta e, retirando qualquer referência aos olhos, peço-lhe simplesmente que me fale de suas bonecas da infância. "Minhas bonecas?", diz ela, "eu quase não tinha; eram mais bonecos homens, bonecos duros e não macios e doces como os bebês de hoje. Ah! Agora me lembro, havia também um boneco diferente. Não era verdadeiramente um boneco, mas uma criança pintada numa tela. Uma criança triste, com grandes olhos tristes e uma pomba na mão." Antes mesmo que ela terminasse essas frases, eu estava tocado por ouvi-la dizer precisamente o que eu tinha decidido calar: os olhos tristes do menino de que falava talvez fossem os mesmos que vi chorando. Essa relação entre os olhos do menino imaginário de sua infância e os seus próprios me parecia uma convergência tão flagrante, um intrincamento tão cerrado, que não havia mais obstáculo a que eu lhe comunicasse minha impressão da véspera.

No mesmo instante em que eu ia intervir, outra lembrança se inseriu de imediato: os olhos de sua irmã pouco antes do suicídio. O intrincamento dos olhos tristes tornava-se então uma espécie de encadeamento inexorável: à tristeza do olhar que me tocara seguia-se a tristeza do olhar do menino, depois a do olhar de sua irmã morta. Involuntariamente, eu estava estabelecendo uma reconstrução que respondia à teoria que havíamos depreendido do texto de Freud:[8] os olhos do menino no quadro, reanimados pelos olhos que eu tinha visto chorarem, me pareciam o traço significante de uma personagem imaginária que, uma vez percebida, poderia ter sido uma das causas da doença que conduzira sua irmã ao suicídio. Eu tinha começado a sessão procurando as bonecas da paciente e estava agora cativo do laço entre um menino triste pintado numa tela e a tristeza de sua irmã. A reconstrução descentrava-se da relação dual com Laure e, em vez de me interrogar sobre seu próprio olhar, eu me virava para um terceiro, representado por sua irmã, e me dizia que esta havia percebido inconscientemente o olhar triste do quadro.[9] Entre os olhos da analisanda e os de um ser imaginário que tivera importância em sua vida, instalaram-se no momento presente os olhos do Outro.

Carregado assim dessa reconstrução intervenho enfim e, com muito poucas palavras, limito-me a lhe dizer a impressão da véspera, de não tê-la visto chorar, mas de ter visto olhos que choravam. Sem parecer atribuir importância particular a meu dito, a paciente continua a rememorar: "A empregada, Maria, uma espanhola que cuidou de mim durante toda a infância, sempre me colocava em rivalidade com a criança do quadro e sempre me ameaçava de deixá-la tomar meu lugar se eu não obedecesse. Esse menino era importante para mim e para Maria." Escutando essas palavras, eu persistia em ser influenciado por minha reconstrução, que acabava de me orientar para o destino infeliz de sua irmã e, deixando-me guiar nesse sentido, eu lhe pergunto em que cômodo da casa a tela estava. A analisanda responde: "Não estava em meu quarto, mas no de minha irmã, bem em cima de sua cama, em cima de sua cabeça." Repito: "No quarto de sua irmã?" Laure faz silêncio; um silêncio que não era uma simples pausa antes de retomar seu relato, mas um silêncio-ato, tendo toda a força do desejo inteiramente confirmado. E como se subitamente tivesse estabelecido a mesma aproximação de minha reconstrução, ela me interroga por sua vez: "Como… você pensa que essa criança do quadro tem relação com o que aconteceu a minha irmã?… Nunca teria pensado nisso. Mas isso me lembra alguma coisa que tem relação com a mulher espanhola. Maria começou a trabalhar para nós logo depois de ter perdido sua filhinha num acidente de automóvel. Eu me lembro de que, por ser sua preferida, eu sempre tinha o vago sentimento de substituir sua filha desaparecida. E agora que falamos do quadro da criança triste, percebo o quanto essa criança com a qual me comparava com tanta frequência devia lembrar-lhe sua filhinha morta."

Sim, a analisanda falava de si e da menina desaparecida, ambas encerradas na tristeza da criança pintada na tela. No entanto, eu estava persuadido de que ao evocar sua lembrança falava na verdade de sua irmã. De sua irmã, de si mesma e do lugar do quadro na infância delas. E mais, ao falar da menininha, ela parecia buscar quase voluntariamente confirmar minha própria reconstrução: esse quadro, coisa do imaginário, de uma maneira ou de outra estava na origem de uma morte real. No instante em que, logo em seguida à minha observação sobre o quadro, Laure fizera silêncio, a sessão sofrera uma báscula. A analisanda não era mais a mesma, nem tampouco o psicanalista. Esse silêncio era um silêncio compacto de certeza. No momento em que compreendeu e concluiu que os olhos tristes da criança do quadro podiam estar ligados à morte de sua irmã, a paciente havia modificado sua posição de sujeito. Antes desse instante de silêncio, ela rememorava; depois desse instante ela fazia mais do que rememorar, ela estava dentro do olhar de sua irmã, confundida com ele. Numa lembrança encobridora, ela dizia ter ocupado para Maria o lugar da filhinha desaparecida, mas na fantasia inconsciente que essas mesmas palavras e minha escuta atualizavam, ela ocupava esse outro lugar, o de ser os olhos de sua irmã. Talvez os mesmos olhos que eu tinha visto.

*

* *

Interrompamos esta comunicação no ponto em que o desejo da analisanda e o do analista se tornam um só desejo, o da relação transferencial.

Na verdade, a analisanda não falava de sua irmã, nem da menininha desaparecida, nem da criança triste do quadro, nem mesmo de sua própria tristeza que na véspera me tocara. Tampouco falava da morte que, no entanto, a horrorizara no dia em que, antes dos outros, descobrira o corpo rígido de sua irmã. Não, durante esse fragmento de análise, não se tratava da morte nem da tristeza, mas de um lugar onde se condensava em silêncio e de forma maciça a transferência em jogo. Durante esses fragmentos de sessões, os olhos eram mais que veículos de uma tristeza ou de uma morte que encarnavam e transmitiam numa filiação estranha. A paciente só falava e o analista só escutava uma única coisa, sempre a mesma, que atravessava e ligava como um fio todos esses olhos, inclusive os meus. A esse lugar, essa coisa sem substância e muda, destacada dos seres que assim se sucederam, nós lhe damos por convenção de linguagem o nome físico de olhar. É ali, nesse olhar de ninguém produzido entre uma escuta e um dizer, que a transferência se realiza e que o inconsciente existe.

Alguns dias depois, na sessão que se seguiu, a analisanda me traz uma palavra de sua mãe. Quero concluir com esta palavra: "Quando perguntei a minha mãe ontem o que tinha acontecido com o quadro, ela me respondeu: mas sempre esteve num dos quartos! É engraçado, esse menino com a pomba tem acompanhado você por toda a vida."

O silêncio no olhar
(em resposta ao texto de J.-D. Nasio)

Monique Schneider

Redução ao silêncio face ao encontro de um olhar, intensificação do poder das imagens, foi este o efeito provocado pela leitura do texto de J.-D. Nasio. Antes de me engajar na elaboração deste efeito de silêncio incluído num certo olhar, elaboração esta que me conduzirá a Freud, partirei da primeira experiência: o encontro do olhar teórico atualizado no texto.

Efeito primeiro: provocar um encaixe de imagens, de cenas que remetem a minha história pessoal. Encaixamento que me era familiar até aqui, mas que confrontado com a análise de J.-D. Nasio ficou subitamente colocado sob o signo da necessidade. O momento mais violento do texto situa-se para mim ao nível teórico. Retomo a frase que esteve na origem de um efeito de sideração: "Se a sedução traumática por um adulto é a causa fantasiosa da histeria, seria preciso completar agora dizendo que a localização do trauma que afeta a histérica, os detalhes da cena de sedução, a região traumatizada, são elementos que parecem programados, já inscritos pela experiência prenhe da percepção das formas imaginárias. A histérica não pode sofrer de um trauma que a boneca imaginária de sua infância já não tenha sofrido, pelo menos aproximadamente." (O primeiro texto diz: "o ser imaginário". O segundo texto conserva apenas a última frase e diz: "a boneca imaginária". Li primeiro a segunda versão.) Texto que se poderia crer escrito pelas Parcas, por enunciar a lei do destino: os elementos da cena são ditos "programados, inscritos", e a correlação que resgata a necessidade do trauma se articula em torno de um "não pode senão". Trata-se de uma palavra teórica enunciando a necessidade, uma palavra diferente daquelas que o analista pronuncia quando intervém na sessão. O encontro da necessidade teve sobre mim um efeito de me aturdir. Duas imagens afluem imediatamente convocadas e encadeadas a essa palavra. Revi primeiro minha boneca, não sob uma forma qualquer, mas provavelmente como um dos seres mais verdadeiros que existem: minha boneca está deitada no chão, minha irmã menor se escora nela, apoiando-se nos olhos até que eles caiam dentro do oco da cabeça, olhos invisíveis a partir de então. Trata-se, no entanto, de uma boneca que quando deitada tem o pudor de esconder o vazio e abaixa as pálpebras artificiais automaticamente sobre os olhos. Posta em pé as pálpebras se elevam e no lugar dos olhos só se veem dois buracos negros.

Outra imagem ligada a um período mais tardio da infância: depois de uma cena de violação, tudo se passando no escuro, uma porta se abre e ilumina o que o homem desconhecido deixa cair após sua passagem: alguma coisa no chão, como uma espécie de lenço lanoso e negro, pequena mancha informe. Recolhido e aberto, o lenço revelou ser uma máscara com, evidentemente – "evidentemente" que só posso pronunciar depois da leitura do texto de J.-D. Nasio –, dois buracos negros para os olhos. Quando li o texto não soube mais onde localizar a agressão: nos dois buracos negros ou no encontro do "não pode senão"? A existência de uma relação entre essas duas cenas era para mim evidente e familiar. Poder-se-ia dizer que saltava aos olhos. Mas o efeito de aturdimento diante do texto era outro: como J.-D. Nasio podia saber que a ligação entre as duas cenas era necessária, "programada"? De que lado ele estava? Confesso que naquele instante tive uma visão extraordinariamente perversa dele, pensando no quanto mais ele era perverso por estar inocente, de tal forma era o texto uma armadilha. Pareceu-me que havia um elemento suspeito na coincidência, como se J.-D. Nasio tivesse confiado o segredo ao agressor, permitindo-lhe eficácia em me traumatizar, sugerindo-lhe que se apresentasse a mim com a máscara da minha boneca mutilada. No curto-circuito das cenas, há um momento em que os tempos se embaralham: o analista foi encontrado não como sujeito suposto saber, mas como sabendo efetivamente, como sabendo numa espécie de outro tempo ou aquém do tempo, lugar privilegiado do olhar teórico. Uma imagem se impôs então, como se todo o caráter de necessidade se passasse no nível de um encaixe de imagens mudas, anulando qualquer veleidade de comentários: como se o texto me olhasse atravessando os olhos esburacados da boneca, os olhos esburacados da máscara; atravessava meus próprios olhos, pronto a continuar sua obra através de outras imagens, de outros casos. Se esse fragmento de texto teórico teve um efeito tão violento sobre mim, isso se devia sem dúvida à sua maneira de estar em contato direto com o que evocava e teorizava ao mesmo tempo. Era de boneca que se tratava e não de reconstituição imaginária do corpo, o que permitia que as duas lembranças fossem captadas ao vivo.

Uma experiência como essa convida à colocação de uma questão lateral: quanto mais abundam os depoimentos e as análises sobre o efeito da interpretação na sessão, tanto mais se deixa intocada a questão de saber – o que produz o encontro com aquilo que num texto teórico tem efeitos interpretativos? Por que escolher um analista que se pode encontrar em seus escritos e nas sessões? Trata-se do mesmo olhar? O olhar eficiente no texto é um olhar que vos olha, mas sem que ele mesmo saiba que vos olha. Olhar que ao mesmo tempo vos instala e vos anula. Como existir em face de tal olhar imobilizado sobre a página? Convite a existir pela eternidade, numa espécie de anonimato silencioso e protetor e também, como o autor do texto vos ignora, convite a inexistir pela eternidade. Jogo de vida e de morte que não pode deixar de provocar um efeito de aturdimento. Com frequência é para um olhar assim que se apela durante a sessão, no tempo que segue imediatamente à evocação das imagens de um sonho. Frequentemente aparece um tempo de parada, feito de silêncio não fecundo, mas petrificado. Silêncio sacrificial em cujo interior os quadros oferecidos são vividos como a presa do olhar que vai diretamente para seu sentido necessário e oculto. De que adianta associar, ficar atento ao que se acabou de dizer, se o olhar tomou a dianteira? O silêncio se faz imolação de si, toda produção pessoal parece irrelevante, incapaz de rivalizar com o cerco de um olhar que reuniria e ultrapassaria tudo instantaneamente. Se a palavra volta, corre fortemente o risco de surgir não como associação livre, mas como tentativa de responder à suposta ameaça de uma escuta que só recebe a linguagem da necessidade, a linguagem das Parcas. O silêncio se mantém para toda tentativa de palavra singular e apela-se à Vulgata psicanalítica para encadear uma série de palavras de passe; em sequências assim, segundo uma observação de Piera Aulagnier reconstruída de memória, "a associação livre cede lugar à interpretação obrigatória". Talvez não se deva denunciar esse risco de um descentramento radical da palavra, na medida em que se trata de um risco inerente à situação analítica. Contrariando o clichê difundido, o próprio da situação analítica, a partir do momento em que um dos agentes é suposto portador do que chamaremos do olhar das Parcas, é encurralar num silêncio vertiginoso; de certa maneira, em face de tal olhar, "tudo se consuma" de saída: haverá a escolha entre uma perplexidade silenciosa e uma palavra vivida como irrelevante, palavra que talvez seja um tanto apressado caracterizar como "palavra vazia" – o vazio no caso não é fuga, mas reconhecimento do abrupto que se situa na intervenção possível do analista. Esse atravessamento do vazio e do silêncio petrificado pode se revelar mortífero tanto quanto regenerador. Quando o psicanalista intervém, após alguns comentários por meio dos quais o sujeito, numa tentativa de anulação de qualquer palavra em estado nascente, tenta se juntar ao analista onde supõe que este veja, e o analista intervém não necessariamente para esclarecer seja o que for, mas para restituir ao sujeito falante seu próprio texto, o efeito produzido certamente é o de uma sobrevivência para além da ameaça de aniquilamento. O texto devolvido com frequência reestruturado noutra articulação, é recebido como Moisés salvo das águas. Uma palavra inicialmente estabelecida segundo as leis da necessidade debruçou-se subitamente sobre uma palavra singular, e a absolveu de alguma maneira dessa singularidade anteriormente vivida como parasitária, pelo tempo de duração do peso do olhar teórico. Se, numa intenção lenitiva e aparentemente terapêutica, alguém tentasse purgar a situação psicanalítica da ameaça que paira sobre ela no olhar das Parcas, esse alguém tornaria impossível a experiência de encontro de vida, estaria anulado aquilo que faz dessa situação um dos ressurgimentos do antigo ordálio, essa travessia onde o risco de morte, situado do lado do olhar das Parcas, caminha lado a lado com o silêncio abissal que lhe é correlato, do lado de quem vive sua palavra como previamente anulada. Tal dimensão radical, inerente à palavra cativa e colada pelo olhar, evidentemente só é fecunda quando se constitui num dos centros de gravidade da situação analítica.

★

★ ★

Se a dimensão de sacrifício que vem ligar o olhar das Parcas e o silêncio não é mais do que um dos centros de gravidade do que acontece em análise, por que ficar fascinada por esse lugar de alto risco? Se o primeiro tempo do texto de J.-D. Nasio possibilita o desenrolar de tal lugar, sua sequência nos leva a outros caminhos. Mas a própria leitura que fiz do texto se via influenciada pela eficiência de outro texto, igualmente centrado sobre experiências de olhar: minha leitura da *Interpretação dos sonhos*, conduzida em "*Pai, não vês...?*",[1] levou-me a explorar uma série de olhares em torno dos quais se focalizam diversos estilos de elaboração analítica. Primeiro, o olhar é objeto de uma demanda nas palavras da criança morta que queima: "não vês"; e o texto de Freud pode ser lido como se despedaçando, quebrando-se em pedaços numa tentativa de trazer uma resposta à demanda da criança. Respondendo ao apelo lançado, pareceu-me que se poderia descobrir no texto dois modelos antitéticos de olhar. Olhar ou simplesmente olhos? A questão fica aberta e essa fenda que se anuncia – fenda entre olhos portadores de um olhar inflexível e olhos esburacados que exibem ou deixam pressentir a carne e o negro – permitirá voltar ao texto de J.-D. Nasio para detectar talvez uma brecha entre uma série de olhares ou de olhos, aparentemente apresentados como sucedendo-se uns aos outros numa sucessão linear.

O olhar das Parcas, sentido no preâmbulo do texto de J.-D. Nasio, nos conduz em linha direta a uma das questões que trabalham ao longo de toda a *Interpretação dos sonhos*: Aquele em cujas mãos nos entregamos é portador de um olhar diante do qual se pode existir? Em torno dessa questão aparecem – ou desaparecem – dois tipos de olhar: um é animado por uma lucidez monstruosa e mortífera – os "terríveis olhos azuis de Brücke" –, o outro, bem mais dissimulado e disseminado no texto, confrontado com a exigência inscrita no olhar, define-se por sua falta – falta que afeta sua possibilidade de ver, assim como sua possibilidade de ser visto. O médico caolho, brevemente evocado na correspondência com Fliess e na *Interpretação dos sonhos*; mais evocado do que representado, pois sua fisionomia se diz "escondida" por trás de outra, a do professor caolho. Ora, o encontro de tal olhar – não-olhado e não-olhante – parece estar no centro da cena traumática que na *Interpretação dos sonhos* se detecta apenas de forma fragmentada. Ao desemaranhar a rede associativa que encerra o sonho das novidades no *front*, Freud faz alusão à queda acontecida aos dois anos e meio: queda que deixou uma cicatriz no maxilar; essas poucas linhas, situadas no último capítulo, podem ser soldadas às observações do primeiro capítulo que fazem alusão ao médico caolho de Freiberg, o dr. Pur, médico que providenciou os cuidados – Max Schur falará de sutura – depois da queda. Ora, os pontos da sutura não deixam nenhum duplo de si mesmo no plano textual, pois os farrapos da cena não chegarão a se suturar aos olhos de Freud, não chegarão a se reunir no nível da representação e do discurso. Impossibilidade de reunião que parece manifestar a eficiência continuada do olho vazio, olho esburacado em cujo interior o conjunto da cena teria naufragado. Nessa experiência, o encontro do olhar deve ter se mudado em encontro do olho, encontro tão mais insustentável, quanto a ferida que afetou o olhar da criança não pôde se reparar num espelho que oferecesse uma forma estruturada. Daí a queda no olho vazio, queda que corresponde a uma identificação pré-especular ao médico caolho: tornar-se o que é impossível ver e situar fora de si. O caráter insustentável desse encontro – encontro que instala o silêncio no coração de todo discurso que tenta depor sobre o acidente – pode ser lido em negativo na necessidade de Freud de articular a cena analítica encontrando-lhe outro centro de gravidade que não aquele constituído pelo olho esburacado, equivalente ao "caldeirão furado". Para que seja possível uma memória, para que o insustentável possa ser circunscrito, deverá aparecer outro olhar, antitético ao do dr. Pur: encontra-se a mesma intensidade de violência, mas a direção dessa violência se inverte. Freud qualificará os "terríveis olhos azuis de Brücke" de "perfurantes". Em vez do vazio onde se afoga, encontra-se uma emanação de luz que dissolve. Depois do sonho *non vixit*, em que Freud se vê "à noite, no laboratório de Brücke", há uma alusão ao encontro do olhar do mestre. Ao passo que no sonho Freud se planta como autor de uma operação de dissolução pelo olhar, a lembrança a que o sonho se refere impõe uma distribuição inversa dos papéis: "Eu era monitor no Instituto de Fisiologia, meu serviço começava cedo e Brücke soubera que várias vezes eu chegava atrasado ao laboratório de ensino. Um dia ele veio no horário em que eu deveria chegar e me esperou. O que me disse foi breve e exato; mas o essencial não estava nas palavras. O que me arrasou foram os terríveis olhos azuis com que me olhou e diante dos quais me senti sumir" (*vor denen ich verging*).[2]

O essencial aqui, portanto, é a potência de aniquilamento que emana de um olhar que sabe e julga (Brücke "ficara sabendo que..."). Embora impossível qualificar essa cena de silenciosa, já que se pronunciam palavras, o efeito de silêncio não é menos esmagador: as palavras pronunciadas pelo mestre aparecem como irrelevantes, se comparadas ao veredicto que se lia no olhar. Da mesma forma que o efeito que emana do texto teórico, o olhar tira sua potência dissolvente de sua possibilidade de funcionar como olhar que sabe. Reencontra-se aqui a raiz grega que diz a operação do saber: primariamente a "teoria" é olhar que contempla e reúne. A especificidade do olhar perfurante reside menos na acumulação de saber do que na instantaneidade de um saber que domina e se alteia sobre o conjunto da situação. Olhar de onde emana não o início de uma exploração, mas um traço que vai direto ao objetivo. Ora, o próprio do discurso é desenvolver-se, trabalhar no múltiplo e no móvel, no discursivo. O olhar atualizado no saber que aturde é outra coisa; à maneira dos "raios divinos" de Schreber, incapazes de conhecer a menor hesitação numa trajetória que necessariamente transcende toda discursividade inerente à palavra, esse extravio da tentativa de discursividade relega à impotência qualquer tentativa de réplica, ou de simples resposta. O silêncio aqui é sacrificial, vivido no desaparecimento de si: *ich verning,* diz Freud. Ele só pode "sumir" (esvanecer-se ou perecer também traduzem *vergehen*), lá deixando o despojamento de si mesmo.

Tal experiência de redução ao silêncio faz eco à outra experiência cujo relato deixa aparecer, no ricochete associativo, a figura de Brücke. Na lembrança ligada ao sonho das Parcas, a lição materna antecipa o efeito de silêncio presente no olhar de Brücke. Primeira e última lição, pois a mãe dá à criança suas "primeiras lições", lições sobre a necessidade da morte. A lição se efetua em dois tempos: o primeiro, constituído pelo enunciado materno, revela-se ineficaz. Freud confessa sua reação de dúvida, como se toda afirmação pudesse encontrar sua contraparte na afirmação antagônica. Para que a lição atinja a criança, a mãe escolhe então um procedimento mais radical, uma demonstração *ad oculos,* os olhos aqui são agredidos, postos fora de combate, por uma lição que se dá no silêncio: a mãe esfrega as mãos uma na outra e "fragmentos de epiderme escurecida" se desprendem, fragmentos que tanto representam a decomposição da mãe quanto o nascimento ou a morte da criança. O saber – "fomos feitos de terra e por isso a ela retomaremos" – apossa-se do olhar, esvazia o olhar, e a isso se segue um efeito siderador de silêncio: "Meu espanto", diz Freud, "foi sem limites (*grenzenlos*)." A possibilidade de falar só poderá ressurgir numa réplica tardia e sacrílega: Freud fará alusão à potência de dinamite do jogo de palavras, precisamente, no entanto, sobre "o caro nome de Brücke"; tratando esse nome próprio como comum ("nome-ponte"), Freud aludirá às "brincadeiras sobre os nomes" às quais se entregam as "crianças mal-educadas": sobre essa *Kinderunart,* sobre essas "malcriações" (*Unart*) das crianças, repousará uma das dimensões da *Arte* psicanalítica; *Arte* cujo alcance só se compreende ao situá-la não como único motor do trabalho psicanalítico, mas como aquilo que, nas múltiplas faces do trabalho analítico, vem quebrar o efeito de silêncio, silêncio solitário, silêncio de uma agressão que emana de um olhar ou infligida a um olhar; se o jogo verbal se apossa da cena analítica a ponto de anular o efeito de silêncio encontrado no olhar das Parcas, olhar que atualiza o saber da necessidade ou o saber da morte, a palavra analítica encontra-se aliviada de seu risco – parada de morte encontrada no silêncio do olhar – tanto quanto do aspecto sacrílego atualizado no jogo, livre e insolente, propriamente iconoclasta, com as palavras. Não haveria, portanto, lugar ou palavra propriamente analítica; o que se encontraria estaria mais para ritmo, para uma pulsação em cujo interior se dão diversos encontros: o do olhar das Parcas, o do olho esburacado anulando as condições mesmas de toda representação, o de uma palavra iconoclasta que ousa desafiar o olhar da morte em seu efeito de silêncio; outros tantos lugares – felizmente há outros mais calmos no espaço analítico – que atualizam uma face do risco.

Uma vez aberto o corte a partir do qual se afastam, no imaginário freudiano, os dois modos de ação do olhar, é possível voltar ao texto de J.-D. Nasio, texto que, resvalando o efeito de morte incluído no olhar, desenrola-se num espaço menos abertamente violento que aquele onde evolui a epopeia freudiana. Se o equivalente do olhar de Brücke pode ser descoberto no preâmbulo do texto, seria artificial querer reencontrá-lo a qualquer preço na sequência do encaminhamento clínico. Entretanto, a partir do momento em que se entra no texto com a experiência de ter sido trabalhada pela antítese que dilacera o texto de Freud, fica difícil não notar uma dualidade semelhante de olhares, ainda que menos eruptiva do que em Freud. A antítese do olhar e do olho está efetivamente presente no texto "Os olhos de Laure". Se o olhar é repetidamente evocado no texto, o centro de gravidade fica situado no nível do encontro dos olhos: "Vi olhos que choravam." Olhos subitamente destacados da fisionomia, olhos encontrados por um olhar, mas talvez desprovidos para si mesmos, pelo menos momentaneamente, de potência de olhar; com efeito, diz-se dos olhos que estavam "destacados da pessoa da analisanda". Daí a questão que é difícil evitar: Ao longo do texto, trata-se de olhares situados uns após os outros, em relação paradigmática, olhares alinhados sobre um mesmo eixo, ou é necessário cavar um afastamento entre dois tipos de encontro? Dito de outro modo, há uma distância entre o encontro dos olhos ou do olho e o encontro do olhar? Reli o texto, conduzida por essa questão, e topei de súbito com uma interrogação que talvez tenha um porte essencial sobre um plano clínico, mas que não obstante senti como indiscreta: Quando Laure encontrou sua irmã morta, como estavam os olhos: abertos ou fechados? Ressurgiu então o sonho de Freud: "Pede-se para fechar um/os olhos." No pano de fundo, revejo evidentemente minha boneca, oferecendo pálpebras fechadas ou buracos negros, conforme estivesse deitada ou em pé. O silêncio que J.-D. Nasio mantém sobre essa questão da abertura ou fechamento transforma seu texto em texto assombrado, como se de uma ponta a outra da escrita se percebesse um ser morto: ser que não pode ser representado, não pode ser assimilado ao vazio do olho desabitado, ser para sempre incapacitado de captar outra coisa que não a ausência. Para tentar de alguma maneira esconder, mascarar esse buraco compreende-se a necessidade de que apareça um olhar que, ainda que triste, possa por sua vez ser olhado: "Uma criança triste, com grandes olhos tristes e uma pomba na mão." "Os olhos representados no quadro ou os olhos de sua irmã antes do suicídio" tornariam suportáveis os olhos, abertos ou fechados, da irmã morta. Uma passagem muito densa do texto sugere talvez essa tentativa de metamorfose: "Os olhos do menino do quadro reanimados pelos olhos que eu vi que choravam." Aquém do olhar insustentável, alguma coisa deveria ser "reanimada", trabalhada, para que se cumpra a passagem que leva dos olhos ao olhar.

A distância aqui entrevista torna-se mais sensível em casos de paranoia: quando se sente um olhar como persecutório, a segui-lo e a traspassá-lo a cada passo, pode parecer que ele vem conjurar a aspiração pelo vazio em ação num outro olhar. A passagem do olhar persecutório aos olhos vazios, esburacados, ou aos olhos mortos, voltados para o vazio, oferece o risco de provocar um desmoronamento, a despeito da promessa de liberação. Desmoronamento conduzido no limite desse insustentável ligado a esse impossível encontro de olhos sem olhar. Nas análises de paranoicos, quando se afrouxa o laço do olhar persecutório e torturante, mas que tem o poder de manter sua presa dentro do sentimento de existir, reaparece certa liberdade de movimentos, mas que margeia riscos de desmoronamento, de queda no vazio ou de decomposição, como se o olhar persecutório – ou, nos casos de dominância menos persecutória, o olhar que nos segue – pudesse representar uma espécie de anjo da guarda que nos acompanha – um anjo da guarda em negativo. Impõe-se então, no seio do trabalho analítico, a necessidade de manter um olhar ativo, mais móvel do que fascinante, a fim de oferecer dique ao risco de queda. Risco ligado a essa possibilidade própria do olhar de deslizar para a exibição do olho, exibição obscena que todo o texto de Freud tenta conjurar. Em face do olhar que só nos oferece um olho vazio ou um par de olhos para sempre incapazes de se casarem num movimento de focalização, podemos unicamente nos experimentar como irreais ou como mortos virtuais, sentirmo-nos incapazes de existir frente a um olhar que se tornou incapaz de atestar nossa presença.

Como intermediário entre esses dois tipos de olhar, pode intervir uma figura como a dos olhos tristes da criança do quadro: olhos expressivos, presos num olhar imóvel, olhar frente ao qual alguém que olhe poderá se ver como existente anônimo, numa espécie de vacilação que o coloca ao mesmo tempo como real e como virtual. Um dos textos de Rilke sobre as bonecas salienta com força o abrupto com que tal olhar nos faz confrontar, olhar que nos exila num silêncio radical:[3] "Num tempo em que todos os outros primavam por nos responder muito rápido e reconfortadoramente, essa boneca era a primeira que nos trazia o golpe desse silêncio maior que tudo, que mais tarde deveria com tanta frequência nos roçar com seu sofrimento, a cada vez que nos aproximávamos de algum lugar das fronteiras de nossa existência. Diante dela, enquanto nos olhava fixamente, sentíamos pela primeira vez (se não me engano) esse vazio na sensibilidade, essa parada do coração que nos faria desfalecer, se toda a natureza que docemente continua não nos carregasse então como uma coisa inerte por sobre os abismos."

Analisando esse texto em "A infância das coisas", P. Kahn salienta os entrelaçamentos de subjetividade e objetividade que caracteriza o olhar da boneca. Um encontro como esse encerra uma dimensão que é tanto iniciadora como devastadora, encontro que antecipa o duro nó de tantas experiências encaradas como adultos: "Nessa inteira absorção em si mesmo, a plenitude subjetiva se eleva a uma expansão-desaparição numa objetivação '*inerte*'. O narcisismo aqui é narcisismo de morte. Se essa objetividade inerte pudesse representar-se a si mesma sem cair na inteira absorção de si por si, ela se declararia como objetividade-subjetividade do ser."

O encontro que se dá no olhar da boneca não seria o anúncio dessa "objetividade-subjetividade" que constituirá aquilo que no olhar do mestre – olhar do verdadeiro ou olhar das Parcas – só pode ser encontrado na beira do desfalecimento, como o atesta a experiência freudiana e também o fragmento do texto de Rilke: "nos faria desfalecer"? O sentimento de ser revelado-apagado por um olhar que nos olha sem nos situar como singularidade privilegiada, nos acua precisamente nessa experiência de "expansão-desaparição", para retomar a expressão de P. Kahn; experiência que reúne duas dimensões antagônicas da situação analítica: em seu efeito de silêncio, seu poder de reduzir ao inerte, assim como, para além da falha, em seu convite a prosseguir, a viver a palavra como risco, procurando escapar ao olhar das Parcas. No texto de Rilke, a dimensão de sobrevivência só se faz possível pela presença ativa da natureza "que docemente continua": possibilitou-se aqui outro olhar que não o da boneca, um olhar que, segundo a sugestão de S. Nobécourt tem uma função de "conveniente" – olhar (*regard*) que nos *resguarda* (*re-garde*).

Dupla função do olhar – aniquilar-poupar – que por sua vez se rompe no percurso do texto: distância entre o primeiro tempo, centrado sobre um olhar analítico que, em sua função teórica, tudo prescreve ao atravessar, e um olhar que esposa os diversos tempos de uma experiência e permite que a fascinação se fluidifique. Fascinação não mais inerte, mas que permite que olhos e olhares se unam e se descolem uns dos outros, o que abre de novo um espaço para a discursividade. Equilíbrio frágil, que condena a experiência analítica ao risco constante de se deixar levar pelo que deveria ser apenas um de seus centros de gravidade.

VI. Excertos das Obras de Freud e Lacan sobre o Silêncio

Freud

Podemos dizer, portanto, que o processo próprio do recalque se dá em silêncio. (1911)

★

Com frequência acontece de constatarmos o seguinte fato: quando as associações faltam (falo das associações que realmente não se apresentam, e não daquelas que o analisando cala em consequência de um simples sentimento de desprazer), esse obstáculo pode ser levantado a cada vez assegurando-se ao paciente que ele se encontra, no momento, sob o domínio de uma ideia que se liga à pessoa do médico ou a alguma coisa relacionada com este último. Dada essa explicação, o obstáculo é superado, ou, pelo menos, a ausência de associações se transforma em recusa de falar. (1912)

★

O pai deveria reconhecer e recompensar esse amor silencioso e apagado da terceira (irmã), mas ele o desconhece, ele repele Cordélia … Cordélia se faz indistinta, pouco aparente, como o chumbo; fica calada, ela "ama e se cala". Cinderela se esconde para não ser achada. Podemos talvez assimilar o fato de se esconder ao de estar muda… Ouro e prata são "ruidosos"; o chumbo é mudo, como Cordélia na verdade, que "ama e se cala"... Devemos nos decidir a ver as particularidades da terceira (irmã, mulher ou deusa) concentradas no "mutismo", a psicanálise nos dirá: o mutismo em sonho é uma representação usual da morte. [nota de Freud:] – o mutismo se encontra também indicado por Stekel como um dos símbolos da morte.... Será bem mais fácil fazer que essa interpretação da linguagem dos sonhos passe para a linguagem mitológica que nos ocupa, se pudermos mostrar que em outros lugares além do sonho o mutismo deve ser interpretado como indício da morte... Certamente encontraremos nos contos outras provas ainda de que o mutismo deve ser entendido como uma representação da morte. Se acreditarmos nesses indícios, então a terceira das irmãs dentre as quais escolhermos será uma morta... O homem velho procura em vão recuperar o amor da mulher como o recebeu primeiro de sua mãe; somente a terceira filha do Destino, a silenciosa deusa da Morte, o recolherá em seus braços. (1913)

★

Quando revelamos a regra psicanalítica fundamental a um paciente que teve uma existência movimentada e um longo passado de doença, regra que o convida a contar tudo o que pensa, e quando esperamos uma verdadeira torrente de informações, com frequência o ouvimos declarar que não tem nada a dizer. Ele permanece em silêncio e pretende não estar pensando em nada. Trata-se de nada mais do que da repetição de uma atitude homossexual que toma a forma de uma resistência contra a aparição dessa lembrança. Enquanto ele não prosseguir seu tratamento não conseguirá liberar-se dessa coerção à repetição; acaba-se compreendendo que esta é sua maneira de lembrar-se. (1914)

★

Com todas as nossas forças tendemos a afastar a morte, a eliminá-la de nossa vida. Tentamos lançar sobre ela o véu do silêncio. (1915)

★

De onde provém a inquietante estranheza que emana do silêncio, da solidão, da obscuridade? Nada podemos dizer da solidão, do silêncio, da obscuridade senão que são esses verdadeiramente os elementos aos quais se liga a angústia infantil, que jamais desaparece inteiramente na maioria dos homens. (1919)

★

O instinto de destruição ou de morte que trabalha em silêncio. (1924)

★

Podia-se admitir que o instinto de morte trabalhasse silenciosamente, na intimidade do ser vivo, para a dissolução deste último. (1929)

★

Durante o tempo em que essa pulsão age interiormente como pulsão de morte, ela permanece muda e só se manifesta a nós no momento em que, como pulsão de destruição, ela se volta para o exterior. (1938)

Lacan

...se a transferência se faz muito intensa, produz-se um fenômeno crítico que evoca a resistência, a resistência sob a forma mais aguda em que possamos vê-la manifestar-se – o silêncio ... . É preciso dizer também que, se esse momento chega em tempo oportuno, o silêncio toma todo o seu valor de silêncio – não é simplesmente negativo, mas vale como mais além da palavra. Certos momentos de silêncio na transferência representam a apreensão mais aguda da presença do outro como tal. (7 jul 1954)

★

Cala-se, quando, no entanto, é portador de uma carta que ameaça o fundamento do pacto. É portador da ameaça de uma desordem profunda, não reconhecida, recalcada, e cala-se ... . Do conhecimento que tem desta verdade sobre o pacto, ele não faz nada ... não fala dela (da carta). Não fala porque, assim como a rainha, ele não pode falar dela. E pelo simples fato de não poder falar dela, ele se encontra ... na mesma posição que a rainha, e ele não vai poder deixar de fazer com que lhe furtem a carta. (26 abr 1955)

★

Voltemos aos nossos planetas. Por que será que eles não falam? ... Fiz a pergunta a um eminente filósofo ... . A pergunta não lhe pareceu levantar muita dificuldade. Ele me respondeu – *Porque não têm boca.* (25 mai 1955)

★

Quando se perceberá que o que eu prefiro é um discurso sem palavras? (26 set 1968)

★

É enquanto o analista *é* esse simulacro do dejeto (*a*) que ele intervém no nível do sujeito $, quer dizer, do que está condicionado:

1. pelo que ele enuncia
2. pelo que ele não diz

...O silêncio corresponde ao simulacro de dejeto. (2 dez 1975)

★

O Es aparece aqui sob a forma que Freud lhe dá enquanto o distingue do inconsciente, a saber: logisticamente disjunto e subjetivamente silencioso (o silêncio das pulsões).

★

...não seria preciso que fosse o próprio Sócrates que aqui viesse tomar a palavra? Ou, antes, que eu os escutasse em silêncio?

★

Mostraremos que não há palavra sem resposta, mesmo que só encontre o silêncio, desde que haja um ouvinte...

Assim, ele chega (o analista) a analisar o comportamento do sujeito para encontrar o que ele não diz. Mas, para obter a confirmação, é bem necessário que ele fale. Recupera então a palavra, mas transformada em suspeita de não ter respondido senão à dissolução de seu silêncio frente ao eco percebido de seu próprio nada.

★

Perguntemo-nos, antes, de onde vem essa frustração. Do silêncio do analista? Uma resposta à palavra vazia, mesmo e sobretudo aprovadora, mostra frequentemente por seus efeitos que ela é bem mais frustrante do que o silêncio.

★

O analista... não poderia encurralar sem perigo o sujeito na intimidade de seu gesto, mesmo de sua estática, salvo por reintegrá-los como partes mudas em seu discurso narcísico...

★

... ele compara [Mallarmé] o uso comum da linguagem com a troca de uma moeda cujo verso e anverso mostram apenas figuras apagadas, e que se passa de mão em mão "em silêncio". Essa metáfora é o bastante para nos lembrar que a palavra, mesmo no extremo de seu desgaste, guarda seu valor de téssera.

★

[O psicanalista] tomando... o suspiro de um silêncio por todo o desenvolvimento lírico ao qual ele supre.

Assim, é uma pontuação feliz que dá sentido ao discurso do sujeito.

★

O discurso toma então uma função fálico-uretral, erótico-anal e mesmo sádico-oral. Aliás, é notável que o autor [Robert Fliess, "Silence and verbalization..."] pegue principalmente o efeito nos silêncios que marcam a inibição da satisfação que o sujeito experimenta.

★

Pois é isso exatamente o que ele faz (o analista) para a palavra do sujeito, mesmo que somente a recolha... no silêncio do ouvinte. Pois esse silêncio comporta a palavra, como se vê na expressão guardar silêncio, que, para falar do silêncio do analista, não significa somente que ele não faz barulho, mas que ele se cala *em vez de* responder.

★

À medida que o analista faz com que nele se cale o discurso intermediário, para se abrir à cadeia de palavras verdadeiras, ele pode colocar sua interpretação reveladora.

★

O ser do analista está de fato em ação mesmo em seu silêncio, e é à míngua da verdade que o sustenta que o sujeito proferirá sua palavra.

★

Vem daí o alcance da indicação que Freud nos dá a partir de sua [experiência]: a saber, que quando o sujeito se interrompe em seu discurso, vocês podem ter certeza de que um pensamento relacionado com o analista o ocupa.

★

...o que esperamos da resposta do sujeito ao lhe fazer a pergunta estereotipada, que no mais das vezes o libertará do silêncio que lhe indica esse momento privilegiado da resistência, é que ele mostre *quem* fala e *para quem*: o que constitui uma única e mesma questão.

★

Um fato se desprende do relato do episódio [a alucinação do "homem dos lobos"], ... é a impossibilidade em que está o sujeito de falar na hora ... .

Longe disso... ele não dá um pio; ... ele não se afunda somente num estado de imobilidade, mas numa espécie de funil temporal de onde volta sem ter podido contar as espirais de sua descida e de sua subida, e sem que seu retorno à superfície do tempo comum tenha respondido em nada a seu esforço.

O traço de mutismo consternado encontra-se notavelmente num outro caso... .

⋆

"Neste ponto de minha interpretação, nos diz Kris, eu esperava a reação de meu paciente. O paciente calava-se, e a extensão mesma do silêncio, afirma ele, pois com ela mede seus efeitos, tem uma significação especial" ... .

⋆

...o analista intervém concretamente na dialética da análise fazendo-se de morto, cadaverizando sua posição..., seja por seu silêncio, lá onde ele é o Outro com O maiúsculo, seja por anular sua própria resistência, lá onde ele é o outro com um o minúsculo.

⋆

...o significante que se cala no sujeito faz com que, de sua escuridão, brote primeiro um vislumbre de significação na superfície do real, depois faz o real iluminar-se com uma fulguração projetada de sob seu embasamento de nada.

★

Fisionomia fechada e boca costurada não têm aqui o mesmo objetivo que no bridge. O analista, através disso, antes se acrescenta a ajuda do que nesse jogo chamamos de morto, mas para fazer surgir o quarto, que vai ser o parceiro do analisando, e cuja mão o analista, por suas jogadas, vai se esforçar para levá-lo a adivinhar...

★

Eu me calo. Todo mundo está de acordo que frustro o falante, ele antes de todos, e eu também. Por quê?

Se o frustro, é que me pediu alguma coisa.

★

De resto, o mais agudo sentimento de sua presença (presença do analista) está ligado a um momento em que o sujeito só pode calar-se, quer dizer, em que ele recua até mesmo diante da sombra da demanda.

★

A que silêncio o analista deve agora se obrigar para que sobre esse pântano se destaque o dedo levantado do *São João* de Leonardo, para que a interpretação encontre o horizonte desabitado do ser onde se desenrola sua virtude alusiva?

★

A terceira proposição se desprende dos aforismos em cuja meia-luz se termina o estudo sobre *O Eu e o Isso*..., surgindo sob o termo de silêncio que as pulsões de morte fariam imperar no Isso.

★

Um reservatório sim, se assim o quiserem, eis o que é o Isso, e mesmo uma reserva, mas o que se produz aí, de prece ou de denúncia missivas, vem de fora, e se aí se amontoa é para dormir. Dissipa-se agora a opacidade do texto, quando enuncia o Isso como o lugar onde reina o silêncio: esclarece se que não é uma metáfora, mas uma antítese a ser seguida na relação do sujeito com o significante, e que nos está expressamente designada como a pulsão de morte.

★

Essa questão [sobre o Isso], cujo significante o sujeito pontua, não encontra outro eco senão o silêncio da pulsão de morte...

★

Os espaços infinitos esmaeceram-se por detrás das pequenas letras, mais seguras para suportar a equação do universo, e a única voz no capítulo que poderíamos admitir fora a de nossos sábios é a de outros habitantes que poderiam nos dirigir sinais de inteligência – no que o silêncio desses espaços nada mais tem de assustador.

★

Uma ética se anuncia convertida ao silêncio pela avenida, não do pavor, mas do desejo: e a questão é saber como a via de falação da experiência analítica conduz a isto.

Aqui nos calaremos sobre sua condução prática.

★

Pelo que chegaríamos ao paradoxo de conceber que o discurso na sessão analítica só vale pelo que tropeça ou mesmo se interrompe: se a própria sessão não se instituísse como ruptura de um discurso falso, naquilo que, digamos, o discurso realiza ao se esvaziar como palavra, ao não ser mais do que a moeda de cunhagem gasta de que fala Mallarmé, que se passa de mão em mão "em silêncio".

★

Aqui está uma coisa [*l'Hommelette*] que não seria bom sentir escorrendo em suas caras, sem ruído, enquanto dormem, para timbrá-las.

Referências dos excertos

Freud

1. "Remarques psychanalytiques sur l'autobiographie d'un cas de paranoïa (Le président Schreber)", em *Cinq Psychanalyses*, Paris, PUF, 1980, p.315.
2. "La dynamique du transfert", em *La technique psychanalytique*, Paris, PUF, 1977, p.52.
3. "Le thème des trois coffrets", em *Essais de psychanalyse appliquée*, Paris, Gallimard, 1971, p.90-103.
4. "Remémoration, répétition et élaboration", em *La technique psychanalytique*, Paris, PUF, 1970, p.109.
5. "Considérations actuelles sur la guerre et la mort", em *Essais de psychanalyse*, Paris, Payot, 1970.
6. "L'inquiétante étrangeté", em *Essais de psychanalyse appliquée*, Paris, Gallimard, 1971, p.202 e 210.
7. *Ma vie et la psychanalyse*, Paris, Gallimard, 1968, p.72.
8. *Malaise dans la civilisation*, Paris, PUF, 1971, p.74.
9. *Abrégé de psychanalyse*, Paris, PUF, 1967, p.9.

Lacan

10. *O seminário, Livro 1: Os escritos técnicos de Freud*, Rio de Janeiro, Zahar, 2ª ed., 2009, p.369.
11. *O seminário, Livro 2: O eu na teoria de Freud e na técnica da psicanálise*, Rio de Janeiro, Zahar, 4ª ed., 1995, p.252-3.
12. *Ibid.*, p.298-9.
13. "Note de Jacques Lacan", in *Enfance aliénée*, numéro spécial de *Recherches*, dez 1968, p.152.
14. *Scilicet* 6/7, Paris, Seuil, 1976, p.62-3.

Escritos

(Rio de Janeiro, Zahar, 1998)

15. O seminário sobre "A carta roubada", p.59-60.
16. Formulações sobre a causalidade psíquica, p.161.
17. Função e campo da fala e da linguagem, p.248-9.
18. *Ibid.*, p.250.
19. *Ibid.*, p.252-3.

20. *Ibid.*, p.252-3.
21. *Ibid.*, p.253-4.
22. *Ibid.*, p.303.
23. Variantes do tratamento-padrão, p.352-43.
24. *Ibid.*, p.355.
25. *Ibid.*, p.361.
26. Introdução ao comentário de Jean Hyppolite, p.374.
27. *Ibid.*, p.376.
28. Resposta ao cometário de Jean Hyppolite, p.392.
29. *Ibid.*, p.399.
30. A coisa freudiana ou Sentido do retorno a Freud em psicanálise, p.431.
31. De uma questão preliminar a todo tratamento possível da psicose, p.567-8.
32. A direção do tratamento e os princípios de seu poder, p.595-6.
33. *Ibid.*, p.623-4.
34. *Ibid.*, p.624-5.
35. *Ibid.*, p.647-8.
36. Observação sobre o relatório de Daniel Lagache: "Psicanálise e estrutura da personalidade", p.664-5.
37. *Ibid.*, p.665-6.
38. *Ibid.*, p.673-4.
39. *Ibid.*, p.689-90.
40. *Ibid.*, p.690-1.
41. Subversão do sujeito e dialética do desejo no inconsciente freudiano, p.815-6.
42. Posição do inconsciente no Congresso de Bonneval, p.859.

Bibliografia dos trabalhos psicanalíticos sobre o silêncio desde 1916

1916

FERENCZI, S., "Le silence est d'or", in *Psychanalyse II*, Paris, Payot, 1970, p.255-6.

_____. "De la technique de la psychanalyse", *ibid.*, p.327.

1926

REIK, T. "Au début est le silence", in *Ecouter avec la troisième oreille*, Paris, Epi, p.117-21. (Versão modificada de um texto apresentado na Sociedade Psicanalista de Viena, a 9 jan 1926.)

1927

MORGENSTERN, S. "Un cas de mutisme psychogene", *R.F.P.*, 1927, I, p.492-504.

1928

FENICHEL, O. "De l'isolation", thème repris dans *La théorie psychanalytique des névroses*, Paris, PUF, 1953, p.192-7, 350-1.

1930

PEREPEL, E. "On the physiology of hysterical aphonia and mutism", *International Journal of Psycho-Analysis*, 1930, 11, p.185-92.

1932

FERENCZI, S. "La technique du silence", "Encore sur la technique du silence", in *Psychanalyse 4*, Paris, Payot, 1982, p.297-9.

1933-1934

Reich, W. *L'Analyse caractérielle*, Paris, Payot, p.77-87.

1938

Bergler, E. "On a resistance situation: the patient is silent", *Psychoan. Review*, 1938, 25, n.2, p.170-86.

1940

Marjasch, J. "Les silencieux chroniques dans l'analyse". *Internazionale Zeitschrift für Psychoanalyse und Imago*, 1940, 25, 2, p.111-23.

1947

Moloney, J.C. "The analyst remains silent", *Diseases of the Nervous System*, 1947, 8, p.14-6.

1948

Baker, S.J. "Speech disturbances", *Psychiatry*, XI, p.359-66.

Kemper, W. "Der Patient schweigt", *Psyche*, 1948, 1, p.503-22.

1949

Balint, M. "L'Évolution des buts et des techniques thérapeutiques en psychanalyse", in *Amour primaire et technique psychanalytique*, Paris, Payot, 1949, p.249-50.

Fliess, R. "Silence and verbalization: on the theory of the analytic rule", *Bull. Am. Psa. Ass.*, 1949, 5. p.43-6 (resumo da exposição do texto e de sua discussão).

_____. "Silence and verbalization: a supplement to the theory of the analytic rule", *International Journal of Psycho-Analysis*, 1949, 30, p.21-30 (este texto está traduzido nesta obra).

1950

Berg, J.H. Van Den, "*Du* silence et de la réticence", *Psyché*, Paris, 1950, 5, p.53-68.

1952

MERLOO JOOST, A.M. "Free association, silence and the multiple function of speech", *Psychiatric Quarterly*, 1952, 26, p.21-32.

VERSTEEG-SOLLEVELD, C.M. "Le silence", *Folio Psychiat. Neeri*, 1952, 55 (2), p.150-60.

1953

FREUD, A. *Le Moi et les mécanismes de délense* (1936), Paris, PUF, 1953, p.7-9.

TOMAN, W. "Pause analysis as a short interviewing technique", *J. Consult. Psychol.*, 1953, 17, p.1-7.

VAN BARK, B.S. "The meaning of silence in the analytic situation", *American Journal of Psychoanalysis*, 1953, 13, p.89-90.

1957

MEERLOO JOOST, A.M. "Communication in the therapeutic hour: the implication of silence", *General Semantics Bull*, 1957 (p.20-21).

MOLINARI, E. "Il silenzio in analisi", *Riv. Psa.*, 1957, 3, p.19-34.

1958

ANAVITARTE, J.P. "Acerca de la interpretacion del silencio", *Rev. Urug. Psa.*, 1958, 2, p.298-318.

GLOVER, E. *Technique de la psychanalyse*, Paris, PUF, 1958, p.0-14; 35-8; 114-5; 347-8.

LEVY, K. "Silence in the analytic session", *International Journal of Psycho-Analysis*, 1958, 39, p.50-8.

1959

BALLY, G. "Medizin und Psychologie", *Almanach* 1959, p.53-65

HORANYI, B. "Ueber das Schweigen als Heilmittel", *Z. Psychotter. Med. Psychol.*, 1959, 9, p.155-7.

WALDHORN, H.F. "The silent patient", *J. Am. Psa. Ass.*, 1959, 7, p.548-60.

1960

ENELOW, A.J. "The silent patient", *Ps.* 1960, 23, p.153-8.

LAPLANCHE, S. e Valabrega, J.-F. "Le silence de l'analysé" (conjunto de resumos dos trabalhos sobre o silêncio) documento interno da S.F.P., 1960.

1961

ARLOW, J.A., "Silence and the theory of technique", *J. Am. Psa. Ass.*, 1961, 9, p.44-55.

BARANDE, R. "Du temps d'un silence. Approche technique contre-transférentielle et psychodynamique", *R.F.P.*, 1961, 25, p.177-220.

GREENSON, R.R. "On the silence and sounds of the analytic hour", *J. Am. Psa. Ass.*, 1961, 9, p.79-84.

LOEWENSTEIN, R.M. "The silent patient", *J. Am. Psychoanal. Ass.*, 1961, 9, p.2-6.

LOOMIE, L.S. "Some ego considerations in the silent patient", *J. Am. Psa. Ass.*, 1961, 9, p.56-78.

PRESSMAN, M.D. "Silence in analysis", *Bull. Phila. Ass. Psa.*, 1961, 11, p.101-15.

______. "On the analytic situation: the analyst is silent", *Bull. Phila. Ass. Psa.*, 1961, 11, p.168-82.

VAN DER HEIDE, C. "Blank silence and the dream screen", *J. Am. Psa. Ass.*, 1961, 9, p.85-90.

ZELIGS, M.A. "Le rôle du silence, dans le transfert, le contre-transfert et dans le processus psychanalytique", *R.F.P.*, 1961, 25, p.779-90.

1962

LIEF, H.I. "Silence as intervention in psychotherapy", *American Journal of Psycho-Analysis*, 1962, 22, p.80-3.

1963

BARANDE, R. "Essai métapsychologique sur le silence: de l'objet total phallique dans la clinique du silence", *R.F.P.*, 1963, 27, p.53-115.

KHAN, M.M.R. "Silence as communications", *Bulletin of the Menninger Clinic*, 1963, 27, p.300-13.

1964

AULD, F. e Goldenberg, G.M. "Equivalence of silence to resistance", *J. Consult. Psychol.*, 1964, 28, p.476.

FERREIRA, A.J. "On silence", *American Journal of Psychotherapie*, 1964, 18, p.109-14.

1965

Bally, G. "Ordnung und Ursprünglichkeit, Zuwendung und Ziel", *Psyche,* 9, 329-349, p.227-8.

Basaglia, F. "Silence in the dialogue with the psychotic", *J. Existento Pychiat.*, 1965, 6, p.99-102.

Menninger, R.W. "On the conspiracy of silence: an obstacle to understanding the patient", *J. Kansas Med. Soc.,* 1965, 66, p.490-4.

Nacht, S. "Le silence, facteur d'intégration", *R.F.P.*, 1965, 29, p.271-80.

Weinberger, J.L. "Une triade du silence: silence, masochisme, dépression", *R.F.P.*, 1965, 2-3, p.257-69.

1967

Aull, G. e Stream, H.S. "The analyst's silence", *Psa. Forum*, 1967, 2, p.72-87.

Brocher, T. "Über averbale Kommunikation", *Psyche*, 1967, 21, p. 634-53.

Calogeras, R. "Silence as a technical parameter in psychoanalysis", *International Journal of Psycho-Analysis*, 1967, 48, p.536-58.

Paramo Ortega, R. "Algunas notas sobre el silencio del analista", *Arch. Estud. Psiocoan. Psicol. Med.*, 1967, 4, p.98-104.

1969

Cremerius, J. "Schweigen als Probleme der psychoanalytischen Technik", *Jb. Psa.*, 1969, 6, p.69-103.

1970

Brockband, R. "On the analyst's silence in psychoanalysis: a synthesis of intrapsychic content and interpersonal manifestations", *International Journal of Psycho-Analysis*, 1970, 51, p.457-64.

1972

Blos, P. "Silence: a clínical exploration", *The Psycho-Analytic Quartely*, 1972, 41, p.348-63.

1974

Mannoni, O. "Le silence", in *Psychanalyse et politique*, Paris, Seuil, 1974, p.187-92.

1977

Felician, J. “Silence et paranoïa”, *Topique*, 1977, 20, p.41-61.

1979

Green, A. “Le silence du psychanalyste”, *Topique*, 1979, 23, p.5-25.

Viderman, S. “Le temps du silence”, *Nouvelle Revue de psychanalyse*, 1979, 20, p.215-32.

1983

Vasse, D. “L’horreur et le mutisme”, in *Le Poids du réel, la souffrance*, Paris, Seuil, 1983, p.131-64.

Notas

Apresentação

1. No final do volume o leitor encontra as principais citações de Freud e de Lacan que evocam o tema do silêncio.

No início é o silêncio (p.17 23)

1. Esse artigo, de 1926, foi publicado no livro de Theodor Reik, *Ecouter aver la troisième oreille*, Epi, 1976, p.117-21.
2. Procurei em vão uma discussão sobre o tema na literatura psicanalítica. Devo assinalar uma única exceção à negligência ou à carência geral: encontrar-se-ão algumas palavras sobre esse assunto, raras mas importantes, em "Observações sobre a técnica da psicanálise freudiana", de R. Saussure, em *L'Evolution psychiatrique*, 1925, p.40.
3. É tentador empregar o insight na psicologia do silêncio como uma escada que se pode deixar de lado quando se atingem as profundezas. Evidentemente existem diferentes espécies de silêncio. Pode-se falar de silêncio frio, opressor, provocante, desaprovador ou implacável, assim como de silêncio aprovador, humilde, apaziguador ou indulgente. Esse conceito parece reunir sentidos opostos, acompanhando-se de sinal positivo ou negativo. Compare, por exemplo, "quem cala consente" com o silêncio reprovador de uma senhora face a um homem desabrido ou desagradável.

Meu reconhecimento a Sophie Morgenstern (p.25-39)

1. Lembremos entretanto a publicação de sua obra *Psychanalyse infantile*, Paris, Denoël, 1935, que retoma em parte o caso de Jacques.
2. Constata-se que naquela época a transferência não era analisada, e menos ainda a contratransferência do analista.

Um caso de mutismo psicogênico (p.41-57)

1. Não reproduzimos aqui todos os desenhos a que S. Morgenstern faz referência neste texto.

Silêncio e verbalização: um suplemento à teoria da "Regra Analítica" (1949) (p.59-80)

1. Algumas passagens do texto original nos parecem de escrita difícil mesmo para um leitor de língua inglesa. Fliess, há pouco tempo nos Estados Unidos, estava ainda, nos parece, influenciado pela sintaxe do alemão, sua língua de origem.
2. Karl Abraham, "Développement de la libido", *Oeuvres complètes*, t.II, Petite Bibliothèque Payot, 1977, p.338.
3. Ella Freeman Sharpe, "Psycho-physical problems revealed in language: na examination of metaphor", Int. J. Psycho-Anal. XXI, p.202. Grifo do autor.
4. Ibid., p.339.
5. Devemos insistir sobre uma distinção que nem sempre aparece nas discussões analíticas, entre erogeneidade e libido. O ato de falar não concerne a uma libido parcial mas a uma erogeneidade parcial, quer dizer, a inibição ou o cumprimento de uma descarga de libido (e de agressividade) por uma zona erógena. Dito de outra maneira, podem-se associar as particularidades de uma linguagem regressiva às particularidades funcionais de um "esfíncter" utilizado de maneira regressiva; ou não associá-los às propriedades de uma libido regressiva.
6. Os músicos utilizam diferentes tipos de silêncio. O mais conhecido, "o silêncio", se caracteriza por seu valor em tempos (pausa de semínima, de colcheia, de semicolcheia etc). Existe também a combinação de um silêncio e de uma "fermata" que desobriga o valor em tempos do silêncio, ou ainda a combinação de uma barra dupla com uma "fermata", pausa sem valor em tempo definido e que só um expert pode compreender. O executante pode também introduzir pausas "não-escritas", puramente interpretativas, para frasear ("rubato"), por exemplo, ou declamar, mas que não podem corresponder a uma notação.
7. S. Freud, "Sur la sexualité féminine", em *Lu vie sexuelle*, Paris, PUF, 1969, p.139.
8. O observador-analista, um "naturalista", deve apelar para imagens simples. Para evitar tirar uma conclusão errônea desse relato, podemos dizer que o autor interpreta raramente dessa maneira e que jamais seria necessário interpretar alguma forma de passagem ao ato na situação

analítica. No caso, a interpretação não teria sido dada se a passagem ao ato anterior não houvesse ocorrido.

9. Cf. a discussão geral que trata do ganho econômico conseguido pelo deslocamento da erogeneidade excretória sobre o aparelho de linguagem no exemplo número 2, logo a seguir.

As formas do silêncio no esquecimento de Signorelli (p.83-93)

1. S. Freud, "Sobre o mecanismo psíquico do esquecimento" (1898), em *Résultats, idées. problèmes,* I, Paris, PUF, 1984, p.99-107; *Psychopathologie de la vie quotidienne* (1901), Paris, Payot, 1972, p.5-19.
2. Cf. C. Rabant-Lacôte, "Le signifiant et la jouissance", em *Le discours psychanalytique,* n.16.
3. Reproduzido nesta obra, p.59-814.
4. Cf. J. Lacan, "Função e campo da fala e da linguagem", em *Escritos,* Rio de Janeiro, Zahar, 1998, p.302-3.
5. *Ibid.,* p.259-60.
6. Cf. J. Lacan, "O seminário sobre 'A carta roubada'", em *Escritos,* op.cit., p.47-8.
7. Cf. J.-D. Nasio, "L'Inconscient, le transfert et l'interprétation du psychanalyste: une vue lacanienne", em *Psychanalyse à l'université,* t.10, jan 1985, n.37.
8. Cf. Freud, "Constructions dans l'analyse", em *Résultats, idées, problèmes,* II, Paris, PUF, 1985, p.278-9.
9. É a ocasião de especificar que a "vontade" de calar-se é um índice em direção ao Supereu; entretanto, não desenvolveremos aqui a questão do Supereu e do silêncio. Especifiquemos igualmente outro viés pelo qual tomar esse silêncio, o da censura; a censura intervém na relação do sujeito com a Lei, para ele incompreendida; somente a análise da combinação significante permite fazer retorno sobre a incompreensão.
10. Cf. J. Lacan, "Impromptu sur le discours analytique", em *Scilicel,* n.6-7, Seuil, 1976, p.62-3.

"Z" (p.94-103)

1. Evidentemente "asma" (do grego *asthma*: respiração difícil) só pode ser ouvido como "crise" a partir da arabofonia primeira do analista... e de seu sotaque: de fato, *azma* significa "crise" em língua árabe. De onde proveio mais tarde a letra "Z" que, a partir dessa homofonia, serviu de "intermediária" para uma construção.

Uma afonia eloquente (p.104-12)

1. Este texto foi largamente retomado desde sua exposição em junho de 1985, graças aos encontros de trabalho partilhados com colegas.
2. Duas observações. Eu desejaria dizer novamente que esse momento privilegiado, até movimentado, do tratamento acontece depois de quatro anos de um clima profundamente desolado e morno. A tonalidade colorida da sequência contrasta vivamente com o cinzento que dominava até então.

   Por outra parte, gostaria de esclarecer que tal mudança não se pôde fazer assim: brutalmente, ao cabo de quatro anos, sem ser anunciada por outros acontecimentos que a precedem, a preparam; a ausência deles tornaria incompreensível que a paciente tenha continuado regularmente a frequentar as sessões quinzenais. Mas parece que o relato de tal sequência e a tentativa de sua elaboração devem se inscrever na mesma preocupação que a da direção do tratamento, quer dizer, dar a prioridade a um procedimento lógico sobre o procedimento cronológico. Somente nessa medida poder-se-á escapar à historização, à personalização dos relatos dos momentos de tratamento, personalização que oferece um sentido às histórias dos protagonistas e que leva a pensar esse tipo de trabalho em termos de indecência. Isso me parece um eco à crítica efetuada por Lacan da noção de intersubjetividade quando ele mesmo a promovera nos primeiros seminários.
3. Cf. M. Cl. Thomas, "As formas do silêncio no esquecimento de Signorelli", p.87-96.
4. M. Artieres, "Silence, discours inhibé, discour anedoctique", em *Topique*, 1979. 23, p.103-18.
5. J. Lacan, *La logique du fantasme*, seminário (inédito).
6. J.-D. Nasio, em *L'Inconscient à venir*, Bourgois, 1980, p.32, lembra que essa distinção está presente nos enunciados da escola cética pirroniana: "O *calar-se* como reserva diante do que não se compreende, e o silêncio como efeito da própria verdade."
7. Não se deve igualmente distinguir o ato do *taceo* e "nada poder senão calar-se", recuar mesmo diante da sombra da demanda, quando o sentimento da presença do analista é mais agudo? (J. Lacan, *Escritos*, p.624).
8. S. Freud, *Délire et rêves dans la* Gradiva *de Jensen*, Paris, Gallimard, 1949, p.239-40.
9. Por exemplo. J. Lacan, *O seminário, Livro 2*, Rio de Janeiro, Zahar, 4ª ed., 1995.
10. Cf. J.-D. Nasio, *L'Inconscient à venir*, op.cit., p.136, nota.

A ruptura do silêncio (p.121-36)

1. "Isso quer dizer que o analista intervém concretamente na dialética da análise ao fazer o morto, ao cadaverizar sua posição como dizem os chineses, seja por seu silêncio onde ele é o Outro com O maiúsculo, seja por anular sua própria resistência onde ele é outro com o minúsculo." J. Lacan, "A coisa freudiana", em *Escritos*, op.cit., p.431.)
2. "Os acessos de vertigem, os soluços, tudo é colocado na conta *de outra pessoa*, mas principalmente na conta dessa outra personagem pré-histórica, inolvidável, que nenhuma outra chega a igualar mais tarde:" (S. Freud, carta n.52 de 6-12-1896, em *La naissance de la psychanalyse*, Paris, PUF, 1973 p.159).
3. "É a esse Outro para além do outro que o analista dá lugar, com a neutralidade pela qual ele se faz não ser *ne-uter* nem um nem outro dos dois; que lá estão e, se se cala, é para passar-lhe a palavra." (J. Lacan, "A psicanálise e seu ensino", em *Escritos*, op.cit., p.440.)
4. No *Abregé de psychanalyse*, Paris, PUF, 1978, Freud diz que o real, em psicanálise como na física, "permanecerá sempre 'incognoscível' (*unerkennbar*)": "Não podemos esperar alcançá-lo, pois vemo-nos na obrigação de traduzir na linguagem de nossa percepção o que deduzimos de novo, e nos será para sempre impossível liberarmo-nos dessa obrigação."
5. S. Freud, "Observations sur l'amour de transfert", em *La technique psychanalytique*, op.cit., p.116 30.
6. Prolongando as intuições do *Esboço*, é mais particularmente o texto de 1920. "Além do princípio do prazer", que descreve essa ruptura (em *Essais de psychanalyse*, Paris, Payot, 1981, p.69-72). Segundo Freud, a ruptura acontece na "paraexcitação", que, no *Esboço*, toma a forma de "placas de terminações nervosas"; no "Para além do princípio do prazer", a de uma "fina camada cortical"; e, no texto sobre a "Lousa mágica", a de uma "folha de celuloide" que protege o papel de cera.
7. Deferimo-nos às reflexões de Freud em 1915. Em "Pulsões e destinos das pulsões", em *Métapsychologie*, op.cit., p.10-44.
8. Sobre esta questão da alucinação e do corpo, permitimo-nos remeter o leitor a nosso artigo: "O órgão alucinado", em *Psychanalyse à l'université*, set 1984, t.9, n.36.
9. O que J.-D. Nasio chama de "formações do objeto *a*".
10. Para Freud, a ação motora, que seria uma das formas do *agieren*, sustenta toda colocação em palavras. Ver sobre este assunto o artigo de Jean Laplanche: "A situação psicanalítica: o psicanalista e sua baqueta", em *Psychanalyse à l'université*, 1980, t.5, n.19-20.
11. Maurice Dayan, em *Inconsciente e realidade*, apresentou uma notável contribuição sobre este assunto; principalmente: "O agir verdadeiro

inova ao repetir, liga-se com o pensamento infantil no momento em que a análise solicita a este último que se faça reconhecer tal como em si mesmo não consente senão por permanecer."

12. Segundo a terminologia do *Esboço de uma psicologia científica*, que constitui uma reflexão maior para abordar a questão do gozo em psicanálise.
13. Segundo o *Esboço*, é a necessidade de "reter fora dos neurônios" uma quantidade excessiva de excitação que causa "a estrutura do sistema neurônico" (entender como aparelho psíquico).
14. Em *La naissance de la psychanalyse*, op.cit., p.350-1.
15. Objeto encontra sua origem no verbo *objicere*: "jogar (*jacere*) adiante" (*Petit Robert*).
16. A propósito desta negatividade essencial que transforma um pensamento do "corpo", remetemos o leitor aos estudos notáveis de P. Fédida em sua obra: *Corps du vide et espace de séance*, Paris, ed. Universitaire J.P. Delarge, 1977.

O grito e a coisa (p.153-9)

1. S. Freud, Paris, PUF, 1971, p.526.
2. Cf. J. Derrida, *"Le colossal": la vérité dans le peinture*, Ed. Champs Flammarion, p.144.
3. S. Freud "Création littéraire et rêve éveillé", em *Essais de Psychanalyse appliquée*, Paris, Gallimard, p.69.
4. S. Freud, "Constructions en analyse", em *Résultats, idées, problèmes*, op.cit.
5. S. Freud, *Délire el rêves dans la* Gradiva *de Jensen*, Paris, Gallimard, p.225.
6. J. Lacan, *O seminário, Livro 5: As formações do inconsciente*, Rio de Janeiro, Zahar, 1999, aula de 6 nov 57.
7. *Ibid.*
8. J. Lacan, *Problèmes cruciaux pour la psychanalyse*, seminário inédito, aula de 17 mar 65.
9. *Ibid.*, 10 mar 65.
10. *Ibid.*, 17 mar 65 (grifo nosso).
11. S. Freud, "Esquisse d'une psychologie scientifique", em *La naissance de la psychanalyse*, Paris, PUF, 1979, p.377.
12. S. Freud, "Nota sobre a lousa mágica", em *Résultats, idées, problèmes* II, Paris, PUF, p.123.
13. Cf. G. Deleuze, *Francis Bacon: lógica da sensação*, Rio de Janeiro, Zahar, 2007.
14. H. Moore, "Propos sur l'os" (inédito).

Um silêncio tão lento... Um silêncio de morte (p.163-72)

1. J. Lacan, "A instância da letra no inconsciente", em *Escritos*, op.cit., p.501.

O mutismo da criança autista: uma promessa de silêncio? (p.179-90)

1. M. Blanchot, *L'Entretien infini*. Paris, Gallimard, 1969, p.131.
2. M. Schneider, *Père ne vois-tu pas...?*, Paris, Denoël, 1985. Essa duplicidade faz de Delfos tanto um lugar do culto apolíneo quanto o de uma antiga deusa-mãe, cujo traço remanescente é o onfalo, essa pedra recoberta de uma casaca em rede. Essa pedra indica a presença do umbigo, lugar onde se podia instaurar a comunicação com o centro da terra, sob a qual está enterrado Python-Delphyné, filho de Gala, que Apolo matou com suas flechas para conquistar Delfos e instalar seu oráculo.
3. M. Schneider em *Père ne vois-tu pas...?*, op.cit., p.35, propõe uma tradução nova da passagem sobre o umbigo do sonho. A tradução de que dispomos (Paris, PUF, p.446) dá: "Os sonhos melhor interpretados com frequência guardam um ponto obscuro", ao passo que a tradução proposta por M. Schneider estabelece assim: "Nos sonhos melhor interpretados, deve-se com frequência deixar um ponto na sombra."
4. M. Schneider, em *Freud et le plaisir*, Paris, Denoël, 1980. "L'Injonction au silence", p.114-26.
5. "Fondements théoriques d'une psychothérapie de la schizophrénie", em *La chaussée d'Antin*, t. I, "10/18", 1978, p.266.
6. "Au bord de la nuit sereine. Quelques réflexions sur l'autisme", em *Aux limites du transfert*. Rochevigne, 1985, p.147-82.
7. Paris, Seuil, 1972, p.9 (trad. A. Guerne).
8. S. Freud, "Deuil et méloncolie". *Métapsychologie*, op.cit., p.157-8.

O psicanalista à escuta do silêncio (p.191-8)

1. Este trabalho se enriqueceu com as trocas que tivemos com Marie-Emmanuelle Didier-Weill.
2. J. Lacan, *Escritos*, op.cit., p.248.
3. S. Freud, *Études sur l'histérie*, Paris, PUF, p.48 (grifo nosso).
4. Cf. J.-D. Nasio, em *Psychanalyse à l'université*, 1985, t.10, 37, p.87-96.
5. J. Lacan, *O seminário, Livro 11: Os quatro conceitos fundamentais da psicanálise*, Rio de Janeiro, Zahar, 2ª ed., 1985.

Crônica psicanalítica de um silêncio (p.204-14)

1. Este texto, já publicado em *Les yeux de Laure, le concept d'objet a dans la théorie de J. Lacan*, Paris, Aubier, 1987, esteve na origem do colóquio de junho de 1985. Decidi mantê-lo na presente obra devido às diferentes intervenções que suscitou, tal como a longa resposta de Monique Schneider (cf. p.191-200).
2. Essa experiência me lembra duas frases: "A paranoia é uma voz que sonoriza o olhar que é prevalente" (Lacan); e "O psicanalista vence onde o paranoico fracassa" (Freud).
3. "Quelques considérations pour une étude comparative des paralyses motrices organiques et hystériques", em *Résultats, idées, problèmes*, t.I, Paris, PUF, 1984, p.45-59.
4. "Quelques considérations...", op.cit., p.57.
5. "A perna é a perna até a inserção do quadril, o braço é a extremidade superior como se desenha sob a vestimenta" (S. Freud).
6. "Onde foram parar as histéricas de outrora, essas mulheres maravilhosas, as Anna O., as Emmy von N.?... Foi por escutá-las que Freud inaugurou um modo inteiramente novo da relação humana" (J. Lacan).
7. "O emissor recebe (escuta) sua própria mensagem sob uma forma in vertida" (J. Lacan).
8. Mesmo nascida de um texto de Freud sobre a histeria, essa reconstrução não visava, no entanto, explicar um sintoma histérico. Nem a analisanda nem sua irmã me pareciam responder a essa categoria clínica.
9. "Meu inconsciente é capaz de perceber um objeto que meu olho só mais tarde reconhecerá" (S. Freud).

O silêncio no olhar (em resposta ao texto de J.-D. Nasio) (p.215-30)

1. Paris, Denoël, 1985.
2. Cf. *L'Interprétation des rêves*, op.cit., p.360 (tradução modificada).
3. R.M. Rilke, *Oeuvres completes* I, Paris, Seuil, 1966, p.291.

Índice remissivo

afonia, 105, 108-11
autismo, 42, 166, 179-90, 199-200
castração
    ameaça, 38, 48-51
    complexo, 55-6
complexo de Édipo, 55
desenho (no tratamento), 43-4, 56-7
esquecimento, 83, 87, 92
luto, 101, 163, 168-9, 173-4, 187
mutismo, 41-3, 45, 48, 52, 55, 57, 72, 181-2, 184-5, 201-3, 234
objeto
    objeto *a*, 93
    objeto freudiano, 154
olhar, 96-7, 100, 211, 215, 218-20, 223-5, 226-30,
Outro, 85-8, 95, 116, 122-3
recalque, 53, 59-60, 71, 86-9, 118
regra fundamental, 59, 70, 114, 137, 192, 199
repetição, 43-4, 91-2
silêncio
    e a Coisa, 155, 158-9, 185-90
    e grito, 93-4, 147-8, 150, 154-5, 156-8, 193
    e inibição, 85-6, 113
    e interpretação, 92
    e fim de análise, 113
    e foraclusão, 116-8
    e gozo, 91-2, 167
    do paciente, 20-1, 88-9
    do psicanalista, 19-23, 111, 122-3, 135-6, 193-4, 197-8, 200
    e pulsão de morte, 93, 100-1, 175, 202-3
    e resistência, 85-6
    e tempo, 169
transferência, 57, 87, 89-90, 183-4, 214
traumatismo, 36-7, 56-7, 208-9

Coleção Transmissão da Psicanálise

Não Há Relação Sexual
Alain Badiou

Fundamentos da Psicanálise
de Freud a Lacan
(3 volumes)
Marco Antonio Coutinho Jorge

Transexualidade
Marco Antonio Coutinho Jorge;
Natália Pereira Travassos

Por Amor a Freud
Hilda Doolittle

A Criança do Espelho
Françoise Dolto e J.-D. Nasio

O Pai e Sua Função em Psicanálise
Joël Dor

Introdução Clínica à
Psicanálise Lacaniana
Bruce Fink

A Psicanálise de Crianças
e o Lugar dos Pais
Alba Flesler

Freud e a Judeidade
Betty Fuks

A Psicanálise e o Religioso
Phillipe Julien

O Que É Loucura?

Simplesmente Bipolar
Darian Leader

5 Lições sobre a
Teoria de Jacques Lacan

9 Lições sobre Arte e Psicanálise

Como Agir com um
Adolescente Difícil?

Como Trabalha um Psicanalista?

A Dor de Amar

A Dor Física

A Fantasia

Os Grandes Casos de Psicose

A Histeria

Introdução à Topologia de Lacan

Introdução às Obras de Freud,
Ferenczi, Groddeck, Klein,
Winnicott, Dolto, Lacan

Lições sobre os 7 Conceitos
Cruciais da Psicanálise

O Livro da Dor e do Amor

O Olhar em Psicanálise

Os Olhos de Laura

Por Que Repetimos os Mesmos Erros?

O Prazer de Ler Freud

Psicossomática

O Silêncio na Psicanálise
J.-D. Nasio

Guimarães Rosa e a Psicanálise
Tania Rivera

A Análise e o Arquivo

Freud – Mas Por Que Tanto Ódio?

Lacan, a Despeito de Tudo e de Todos

O Paciente, o Terapeuta e o Estado

A Parte Obscura de Nós Mesmos

Retorno à Questão Judaica

Sigmund Freud na sua Época
e em Nosso Tempo
Elisabeth Roudinesco

O Inconsciente a Céu Aberto
da Psicose
Colette Soler